［交通・情報］基本ワード250

田中宏司 監修
秋山義継・松岡弘樹 責任編集

本　編

あ行……… 2	は行……… 97
か行……… 23	ま行………112
さ行……… 54	や行………116
た行……… 76	ら行………120
な行……… 94	わ行………126

索　引

和文………127	欧文………130

はしがき

　この『［交通・情報］基本ワード250』は，短大・大学などで学ぶ人々，企業人として活躍している人々のために，交通関係および情報関係についての基本的な用語・事項などを選別して"キーワード"として，わかりやすく解説したものである。

　私たちが生活し活動している社会は，経済・経営環境の変化が激しく，めまぐるしく移り変わっている。それだけに，交通および情報の分野において，理論と実践を学び，研究や業務を遂行する人々にとり，それぞれのキーワードをきちんと理解することが，十分な成果を上げるために必要不可欠なものとなる。

　読者の皆様が，本キーワードを十分活用することにより交通産業や情報産業，さらに関連する分野について，研究と実践の成果が高まり充実した日々をすごすことになれば，監修者，責任編集者としてこの上ない喜びである。

　刊行に際しては，東京交通短期大学をはじめ多くの専門家のご協力をいただいた。それぞれの分野におけるメンバーが総力をあげて執筆したことは，まさに研究者の"社会的責任"を果たしたものであると感謝している。

　今回の刊行については，学文社代表取締役田中千津子氏，編集部二村和樹氏には，企画から編集の実務的作業まで，ご配慮とお力添えを頂いたことに厚く御礼申し上げる。

2009年3月

田中　宏司
秋山　義継
松岡　弘樹

活用にあたって

本書の特徴をあげると，次のとおりである。
- 初心者・実務者に必要な，交通および情報についての重要かつ基礎的な事項を精選し，わかりやすく解説している。
- 1ページに2つのキーワードを掲載し，一読してエッセンスを理解できるよう工夫している（関連する項目や参照するとよい項目を➡で示した）。
- キーワードが実際に使用される場面を想定して，タイトルに英語表記を適宜つけるともに，さまざまなケースで活用できるよう，和文および欧文の索引を完備している。

本書は，それぞれの大学や企業の一員として知っておくべき基本事項を解説しているだけに，次のようにさまざまに活用されることを期待している。

第1に，大学や企業における多様な教育・研修場面で，理論と実践の両面から，キーワードを素早く参照できる手元資料となる。

第2に，交通・情報に関する実務遂行の場面で，手軽にキーワードを確認できる。とくに，職場でのグループ討議や事例研究会に携帯すれば，問題解決の着眼点，対応姿勢のあり方などのヒントを得られる。

第3に，読者一人ひとり自己啓発に際して，「自分はこの問題をどのように考えるか」「どのような姿勢で対応すべきか」などについて，キーワードを手がかりに勉強を進めることができる。

あ

☐ **IATA** （あいあた/いあた） International Air Transport Association

　国際航空運送協会の略称。1945年に設立された国際線を運行する定期航空会社を正会員（ほかに旅行会社，旅行関連企業も加盟）とする団体で，本部はモントリオールとジュネーブにある。IATA設立の目的は，「諸国民の福祉のため，安全・確実・経済的な航空運送を発展させ，航空による貿易を推進するとともに，これらに関する問題を解決する」「航空会社間の協力体制の強化」「各種国際諸機関との協力」とし，主たる業務は航空運送に関する統一されたサービスの基準，運賃・運送規則などを加盟航空会社間において協力することであるが，現代における航空自由化のうねりの中では，カルテル機関と批判され，加盟を拒み独自に運賃を決める格安航空会社の台頭で，その存在意義が議論されるようになってきている。

　IATA Japan, 4th Floor, Aviation Building 18-1 Shinbashi 1-Chome, Minato-ku Tokyo - 105-0004 Japan
　Phone：+81 3 3595 1878　Fax：+81 3 3597 0633

〔白土　健〕

☐ **ISO14000 シリーズ** （あいえすおー14000しりーず）

　国際規格認証機構（ISO: International Organization for Standardization）が1996年に発効させた環境マネジメントシステム（Environmental Management Systems=EMS）の国際規格の一連のシリーズ。このうち，ISO14001（環境マネジメントシステム規格）が認証登録制度で，ほかに環境監査の指針（ISO14010-140120），環境ラベル（ISO14020-14025），環境パフォーマンス評価方法（ISO14031）ライフサイクルアセスメント（ISO14050）などとなっている。ISO14001を認証取得するには，企業や各種団体などの活動・製品・サービスによって生じる環境への影響を持続的に改善するためのシステムを構築し，さらにシステムを継続的に改善していくPDCA（Plan=計画→Do=実行→Check=検証→Action=改善）を実施することが要求されている。そのため，ISO14001を認証取得することは，環境に配慮した経営を行っている証明になる。日本国内では日本工業規格 JIS Q 14001などがこれに対応している。

〔中村陽一〕

□ **ICカード** （あいしーかーど）

ICとは集積回路（Integrated Circuit）の略称である。超小型の電子回路で通信機，コンピューターなどの電子機器などに用いられている。ICカードは，データの記録や演算処理のためにICチップを組み込んだカードである。

ICカードは，次の2つに大別される。第1は，読み取り機に挿入しなければ処理できない「接触型ICカード」で，クレジットカードなどに広く利用されている。第2は，読み取り機にかざすだけで処理できる「非接触型ICカード」で，JR東日本のSuicaなどに代表される交通機関の乗車カードなどである。あらかじめカードに資金をチャージ（入金）することにより，いちいち乗車券を購入しなくても自動改札機など案内板にかざすだけで改札口を通過でき，電車やバスを利用できるカード型の乗車券である。ICカード乗車券には，JR東日本のSuica（2001年11月開始），JR西日本のICOCA（2003年11月開始），関東私鉄各社のPASUMO（2007年3月開始）などがある。最近では，利用範囲が拡大し普及が促進されている（➡パスモ，非接触型ICカード）。　〔田中宏司〕

□ **IT** （あいてぃ）　Information Technology

ITとは，「情報技術」と訳される。「IT」と呼ばれることのほうが一般的である。ITは，情報を保存し，管理，運用，伝達するための，組織や方法，事業環境に関する知識や技術を広くさしている。日本では，従来，このITという言葉が使われてきた（以下，中邨章監修『行政カタカナ用語辞典』（イマジン，2008年），総務省編『平成20年度版　情報通信白書』（ぎょうせい，2008年）参照）。

日本以外では，ICT（Information and Communication, Technology）と通称される「情報通信技術」という用語が，ITとほぼ同様の意味で使われてきた。そのため，日本においても，ITに変わり，ICTが次第に用いられるようになっている。このような流れから，ITを管轄する官庁である総務省は，これまでの「IT政策大綱」を，2004年度から「ICT政策大綱」と名称を変更している。ICTは，ITよりネットワーク通信による情報や知識の共有が強調されることもある（➡ネット社会）。　〔坂野喜隆〕

ITガバナンス　（あいてぃがばなんす）　IT Governance

ITガバナンスは,「IT管理（体制）」と訳される。この定義は,端的にいえば,「組織の情報システムを構築・運用する仕組み」である。つまり,「ITを組織に活かし,効果的に使いこなすために,適切な目的と戦略を設定し,管理を行う仕組みを確立する」ことである。ITガバナンスの特徴は,コーポレート・ガバナンス,コントロール,プロセスの3つである。第1に,ITガバナンスはコーポレート・ガバナンスを前提としている。この考え方を組織内部の情報処理やIT利用に適用したものである。コーポレート・ガバナンスは,1980年代,アメリカにおいて盛んになった株主による経営参加を背景としている。そのため,ITガバナンスにも,監視や統制（コントロール）という側面がある。第2に,ITガバナンスは上述からコントロールという側面が強い。ITを用いて,組織にメリットをもたらすようにコントロールするというねらいがある。第3に,ITガバナンスはプロセスから構成される。つまり,戦略の一環ということになる。

〔坂野喜隆〕

IT新改革戦略　（あいてぃしんかいかくせんりゃく）

IT新改革戦略は,2006年1月に発表された,わが国のIT戦略である。e-Japan戦略（2001年1月）,e-Japan戦略Ⅱ（2003年7月）に続く位置づけにある。この戦略は,e-Japan戦略,e-Japan戦略Ⅱの成果などを総括し,少子高齢化や安心・安全の確保などの社会的課題を解決することを目的とする。ITによる構造改革をどのように推進していくかを示し,2010年度に世界に先駆けITによる改革を完成させることが目標である。

IT新改革戦略には3つの理念がある。1つ目の「構造改革による飛躍」である。ITがもつ新たな価値を生み出す力・構造改革力により,日本社会を改革することである。2つ目は「利用者・生活者重視」であり,新たな価値が創出される社会を実現し,生活に密着したIT化を推進することである。3つ目は「国際貢献・国際競争力強化」であり,ITの構造改革力を通じた国際貢献を推進することである。

〔坂野喜隆〕

□ アイドリング・ストップ運動 (あいどりんぐ・すとっぷうんどう)

　駐停車のとき，車のエンジンをかけっぱなしにする「アイドリング」をストップしようとする運動。排ガスや騒音対策にもなる。地球温暖化の一環や観光地などの環境対策のために運動の波が広がり，成果を得ている。世界各地で行われており，スイス，ドイツ，スウェーデンなどの各国，アメリカのニューヨーク市などにおいて，法令による規制が実施されている。日本では，1996年に環境省が提唱し，翌年4月に発足した「アイドリング・ストップ運動推進会議」により草の根の国民運動として進めてきた。また，信号での停止時に，ギアをニュートラル位置に切り替えるなどメインスイッチを切らなくてもエンジンを停止できる装置も開発され，大都市の路線バスを中心に普及しつつある。エコドライブ運動の主要項目であるが，夏季のカーエアコン使用時のアイドリングは停止しにくい。ところが「信号待ちや渋滞時1台当たりのCO_2排出量はかえって増加するため，1分以上の駐車をするときに行うのが適当」との報告が警察庁より出され，にわかに是非の論議が再燃している。〔桑原賢二〕

□ IP電話 (あいぴーでんわ)

　IP (Internet Protocol) とは，インターネットを使ってデータをやり取りするときの通信規約の体系の一機能で広く用いられている。一般的にはネットワークを介してデータを転送する際，ルーティング（経路選択）や中継機能を提供するものである。たとえば，データを送る際，時間がかからず，距離も短くなどの最適な経路の選択をする。つまり，IP電話とはインターネットを使った電話のサービスのことである。IP電話のメリットは，①市内・市外の区別がなく全国一律の料金である，②今まで使っていた一般加入電話の電話機がそのまま利用できる，③提携グループ同士との通話が無料である，などのメリットがあり，将来的に無限にサービスが広がっていくと期待されている。〔金山茂雄〕

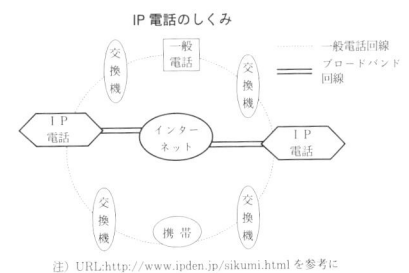

IP電話のしくみ

注）URL:http://www.ipden.jp/sikumi.html を参考にアレンジして作成。

☐ IP放送 （あいぴーほうそう）

　インターネットで使用しているIP（Internet Protcol）の通信規約を使って映像（画像）や音声データを伝送する放送サービスのことである。IP電話の場合は，主に音声データである。一般的に専用のネットワーク（IP網）を使って放送やビデオ・オン・デマンドのサービスを提供している。サービスの利用には専用の機器が必要であるが，従来から使用しているテレビやラジオで視聴が可能である。一般のインターネット網を経由して映像を配信する従来のインターネット放送に対してIP放送は各事業者が専用のネットワーク（IP網）を利用しサービスを確保している。ブロードバンドの普及により各家庭へ映像を配信できる伝送帯域が確保しやすいことから，事業化する企業が増えている。また，一般の放送網では電波の届きにくい地域があるが，この放送の場合，光ファイバーや無線LANなど，さまざまな伝送路を利用してデータを送ることが可能である。さらに，高品質な放送が受けられるIPマルチキャスト放送や非圧縮スーパーハイビジョン映像が視聴できる。　　　　　　〔金山茂雄〕

☐ 開かずの踏切 （あかずのふみきり）

　国土交通省の定義では，朝の混雑時の1時間に40分以上閉まっている踏切のこと。長い待ち時間から通行者のストレスが高まり，また開いている時間が短く，線路が多いため踏切の幅も長いことが多い。また駅至近の踏切では停車列車の過走防護のため，加えて駅に停車する電車は速度を落とすため，電車が踏切を通る前から遮断機が下りていることも多い。このため通行者がわずかに開いている時間で急いだりあせって通行するので，転倒事故などを誘発するほか，遮断機が下りてからの歩行者・自転車の通行，高齢者・幼児連れの親子などが渡りきれない事態もたびたび発生し，事故の要因となっている。2005年3月の東武伊勢崎線・竹ノ塚駅付近の踏み切り人身事故を契機に立体化・遮断短縮装置の工事の拡充が進められている。鉄道予算に加えて道路予算からも支出できるようになり，踏切部分の歩道の拡張も行われる。立体交差工事は事業費が膨大なため地元自治体が負担しきれず，急行や緩行別にキメ細かい遮断機の開閉サービスが安全にできるかなど課題も多く，前途多難である。　　〔桑原賢二〕

□ **アクセス交通** （あくせすこうつう）

　人々がある目的地へ移動するための経路や移動する行為をアクセス（Access）という．その際に，複数の交通手段を利用して主要な駅など交通拠点にいたる交通を「アクセス交通」といい，主要な交通手段利用後に，目的地にいたるまでの交通を「イグレス（Egress）交通」という．

　わが国における主な交通機関としては，第1に陸路では，鉄道関係で，一般鉄道，新幹線，路面電車，地下鉄，モノレール，ケーブルカーなど，自動車関係で，バス，タクシー，トラック，自家用車，自動二輪車などや自転車など，第2に海路・水路では，フェリー，連絡船，旅客船，貨物船，ホバークラフトなど，第3に空路では，航空機，ヘリコプターなどがある．現代社会では，人々はそれぞれの交通機関の特性と，利用可能な交通ネットワークをもとに，それぞれの利便性，快適性，経費などを総合的に勘案して，「アクセス交通」と「イグレス交通」を選択している．安全で利用しやすく，高齢者や障害者へ配慮した対策を推進することが期待されている．　　　　　　　　　〔田中宏司〕

□ **ATACS** （あたっくす）　Advanced Train Administration and Communications System

　JR東日本が開発している新型の保安装置のこと．従来，軌道回路で行っていた列車位置検知を車上検知に変更し，地上と車上の通信をデジタル無線で行うのが大きな特徴である．鉄道の信号保安システムを，情報通信技術をベースとして地上・車上で分担するシンプルなシステムとして再構築することをねらいとする．鉄道の信号システムは，列車の位置を検知し，その情報を伝送し，それに応じて必要な制御をする，検知・伝送・制御の3つの機能で構成されているが，ATACSではこの3つの機能を最新の技術を用いたものに変更する．

　従来の軌道回路は地上設備であり，線路配置の変更が必要な場合は，地上設備の変更となり多大な手間とメンテナンスコストがかかった．ATACSでは，無線技術を利用して車上に情報を伝送する車内信号方式により，車上の保安装置が列車の速度制御，分岐器の鎖錠および踏切警報機を動作させたりする．ATACSはコンピュータ上のソフトウェアによる論理で，線路配置を変更する連動装置や踏切警報機などの地上装置の制御を実現する．　　〔川津　賢〕

あ

☐ **安全運転管理者** （あんぜんうんてんかんりしゃ） Safe Driving Manager

　自動車の使用者は，自動車の安全な運転に必要な業務を行わせるため，安全運転者管理者の選任が義務づけられている（道路交通法74条の3）。この制度は，安全運転管理についての責任の所在が明確でない場合が多く，車輌等の安全運転はその運行の管理の適否に大きな影響を与えるものと考えられるので，車両等の安全運転を確保するために，これを制度化してその責任の所在を明確にしたものである。使用する自動車の台数により安全運転管理者の数が定められており，使用の本拠ごとに安全運転管理者を選任しなければならないとされる（道交法施行規則9条の8）。安全運転管理者は，原則として，20歳以上の者であり，自動車の運転の管理に関して2年以上の実務経験を有する者でなければならず（道交法施行規則9条の9），自動車の運転者に対して，無免許運転，最高速度制限違反運転，酒気帯び・酒酔い運転，過労運転・薬物等運転，無資格運転，積載制限違反運転，放置行為などの行為を命じたり，容認したりしてはならないとされる（道交法75条1項1号〜7号）。　　　　　　　　〔松岡弘樹〕

☐ **e-ガバメント** （いーがばめんと） e-Government

　「電子政府」「電子自治体」と訳される。「電子政府」とは，「①効率向上，②情報公開，③サービス向上を目標とした，政府・行政部門内および国民や企業など民間部門との間の情報化・ネットワーク化」である（白井均・城野敬子・石井恭子『電子政府』東洋経済新報社，2002年）。海外では，「政府」といった場合，国のみならず，自治体も含まれるため，日本における「電子自治体」も「電子政府」と同義である。日本のe-ガバメント（電子政府）の構築は，高度情報通信社会推進本部の設立（1994年），行政情報化推進計画の策定を契機とする。2000年12月の「高度情報通信ネットワーク社会形成基本法」（IT基本法）に基づき，2001年1月の「IT基本戦略」（e-Japan戦略）がつくられ，電子政府の実現が重点政策課題の1つとされることになった。そのとき，「電子政府」の定義は，行政の業務で書類や対面ベースであったものを電子情報にすることであるとされた。しかし現在，e-ガバメントは，官民などを広くつなぐ情報化・ネットワーク化の意味で用いられるようになってきている。〔坂野喜隆〕

□ e-Japan （いーじゃぱん）

e-Japanとは，日本型IT社会の実現をめざす構想である。また，その戦略，政策の総体でもある。E-ジャパン（Eジャパン）とも表記される。

この構想の流れとしては，高度情報通信社会推進本部が内閣に設置され（1994年），情報通信技術戦略本部の内閣設置，IT戦略会議の設置（2000年7月）に端を発する。IT基本戦略決定（2000年11月），IT基本法成立（2000年11月），内閣に「高度情報通信ネットワーク社会推進戦略本部」（IT戦略本部）が設置され，2001年1月，e-Japan戦略が決定されることになる。このe-Japan戦略の趣旨に基づき，同年3月，e-Japan重点計画が決定され，同年6月にはe-Japan2002プログラム，翌2002年6月e-Japan重点計画-2002が決定されるなど，「IT基盤整備」をめざすe-Japanの構築が続いた。

このあと，e-Japan構想は，総務省の「u-Japan政策」（2004年12月），IT新改革戦略（2006年1月）にも引き継がれた（**➡ IT新改革戦略**）。〔坂野喜隆〕

□ ETC （いーてぃしー）

ETCは，Electronic Toll Collection Systemの略称で，電子式自動車料金収受システムのことである。

具体的な利用方法は，まず自動車に「ETC車載器」を設置し，これに料金決済に必要な情報が入力されている「ETCカード」を挿入する。この自動車で，有料道路の料金所などに設置されているETC対応ゲートを通過すれば，端末（ETC車載器）との間で自動的に料金精算（キャッシュレス化）を行い，停車せずに料金所を通過できる。

わが国の経済活動を支えている自動車による物流やマイカーの利用は，有料道路の整備に伴い一段と利便性が向上している。その際，有料道路の利用者増加に伴い頻発する渋滞が深刻な問題となっていた。これらの対策として道路の新設や拡充などを実施したが，おのずと限界がある。有料道路の渋滞の大きな要因として，料金所での自動車の一時停止と料金収受が指摘されたことから，ETCの開発と普及が行われている。〔田中宏司〕

□ eビジネス （いーびじねす）　Electronic Business

インターネットを活用したビジネスのこと。インターネットを活用し，顧客の欲している情報を収集し，整理し，提供することによって利益獲得をする。Eビジネスは，インターネットというツールを利用して企業の商品，サービスを提供することである。インターネットビジネスとしてインターネット接続サービス（接続サポート）で，プロバイダー，ポータルサイト，ITメーカーである。インターネットサービスとして，金融業務サポート，B to B（Business to Business），B to C（Business to Consumer），C to C（Consumer to Consumer）があり，インターネットユーザーを対象としたイントラ型，EC型，マーケティング利用型などがあり，今後インターネットビジネスの種類も増加し，電子政府化に伴って税務の電子税務申告もスタートした。あらゆるプロセスにおいてインターネット技術を利用することが可能となった。インターネットビジネスは，「アマゾン・ドット・コム」のように書籍の販売に革命的な現象をもたらした。

〔飯野邦彦〕

□ e-ラーニング　（いーらーにんぐ）　e-Learning

インターネットやイントラネットなどの情報通信技術を利用して行われる教育，またはその仕組みのこと。e-ラーニングの「e」はelectronic（電子の）の意味で，日本語においてはアルファベットのままで表記されることが多い。類義の言葉としてWebラーニング，遠隔授業，WBT（Web Based Training）などがある。その形態は，講師と学習者をリアルタイムにネットワークで結び授業を行うもの，サーバー上の教材に学習者がネットワーク経由でアクセスするものなどがあり，学校教育，企業内教育などを中心に広がりを見せている。また，使用される機器は，パーソナルコンピュータ，CD-ROM，DVD-ROM，デジタルテレビ，携帯端末などである。e-ラーニングでは，学習者が授業の行われる場所に出向かなくてもよいこと，学習の時間も自分の都合に合わせて決められることなど時間や場所の制約を受けないことが特徴である。また，オン・デマンド方式を利用できるシステムでは，学習進度に合わせて繰り返し受講できたり，任意の箇所を選択して学べるなどの利点も認められる。

〔太田　実〕

□ **硫黄酸化物** （いおうさんかぶつ） Sulfur Oxide

硫黄の酸化物の総称で，一酸化硫黄（SO），二酸化硫黄（亜硫酸ガス）(SO2)，三酸化硫黄（SO3），七酸化二硫黄（S2O7），四酸化硫黄（SO4）など。SOx（ソックス）と略称され，石油や石炭などの化石燃料を燃焼するときなどに排出される。大気汚染物質としては，二酸化硫黄およびそれが大気中の水分と結合して生じる硫酸ミストが主である。また，水に溶けて強い酸性を示すため，酸性雨の原因になる。1960-70年代には，大気汚染の主な原因となり，四日市ぜんそくなどの公害病を引き起こし，社会問題となった。その後，大気汚染防止法によって環境基準が定められ，また重油脱硫技術や排煙脱硫技術の向上，天然ガスなどへの燃料転換，高煙突化などにより改善された。近年，中国の急速な工業化により発生した硫黄酸化物が，偏西風によって日本に運ばれ，大気汚染や酸性雨の原因となっている。国立環境研究所によると日本で観測される硫黄酸化物のうち49％が中国起源のものとされている（➡**大気汚染防止法**）。

〔中村陽一〕

□ **遺失利益** （いしつりえき） Lost Profit

交通事故などで被害者が死亡した場合，仮に被害者が生きていたとしたら将来どのくらいの利益を得られたかという問題が起き，この被害者が得べかりし利益を遺失利益（喪失利益）という。遺失利益の算定の基礎となるのが被害者の基礎収入額と就労可能年数である。基礎収入額については，給与所得者のように収入が一定している場合は問題ないが，自由業等収入が一定しない職業の場合に，算定方法が問題となっている。就労可能年数については，裁判実務上67歳が就労可能年齢とされている。交通事故などによって遺失利益が発生した場合，将来得るであろう利益の分を現在一時に受け取るわけであるから，中間利息を差し引く必要がでてくる。この中間利息の控除の算定方法の代表的なものがホフマン方式とライプニッツ方式である。このうち，単利計算によって中間利息を控除するのがホフマン方式であり，複利計算によって中間利息を控除するのがライプニッツ方式である。最高裁は遺失利益の算定方法について，いずれを採用してもよいとする立場をとっている（最判平成17.6.14）。〔松岡弘樹〕

□ 慰謝料　（いしゃりょう）　Consolation Money

　精神的苦痛による損害の賠償を慰謝料という。不法行為の場合については明文規定で精神的損害の賠償は認められている（民法710条）。債務不履行の場合については明文規定はないが，その場合にも慰謝料を認めるのが学説・判例の立場である。慰謝料を請求できるのは原則として被害者本人であるが，生命侵害の場合には，被害者本人だけではなく被害者の近親者からの請求も認められる（民法711条）。慰謝料の算定は，一般的に，被害の程度，加害者の故意・過失の程度，加害行為の態様，両当事者の社会的地位，職業・財産・家族の状況などの事情を考慮し，原告の請求の範囲内で裁判官の裁量で決められる。

　交通事故における慰謝料は，傷害慰謝料（入通院慰謝料），後遺症慰謝料（後遺障害慰謝料），および死亡慰謝料に分けられるが，とくに交通事故の多発化を契機として，判例の積み重ねにより，被害者相互間の公正性の確保，交通事故の処理の迅速性の確保，裁判官の裁量権における個人差をなくすなどの観点から，慰謝料の一定の基準（定額化）が決まりつつある。

〔松岡弘樹〕

□ 移動制約者　（いどうせいやくしゃ）

　移動制約者とは，主として障害者・高齢者を中心とする身体的障害が理由で，外出に困難を伴う層のことである。移動制約者は，都市の交通サービスが便利な地域と過疎地域のどこでも多く存在するが，交通貧困層は交通が不便な地域（過疎地域，都市の郊外地域）に存在する。交通対策は，都市地域の場合は移動制約者に重点がおかれ，過疎地域などは交通貧困層に重点がおかれる。移動制約階層は，障害者・高齢者だけだと思われているが，非障害者・非高齢者に多い。移動困難要素としては，歩行困難，小走り困難，階段昇降困難，車内で立つ困難，支払い動作困難，聞き取る困難，見る困難などがある。移動制約の対策は，外出そのものができない重度の層から，外出はできるが長く立っていられない層や，ちょっとした機器の操作ができない中軽度の層まで幅広い対応が必要である。その他移動制約の一般的な場面では，バスで「座って移動」する場合に対して，「立って移動」は2倍の抵抗に，「乗り換え」は4倍の抵抗になるといわれる（➡**交通貧困階層**）。

〔秋山義継〕

□　**インターネット**　（いんたーねっと）　Internet

　アメリカ国防総省のARPA（Advanced Research Project Agency）が構築した通信網にコンピュータを使用した通信ネットワークであり，当初は軍事目的で開発された。大学，研究機関，企業，政府関係機関などのネットワークを相互に接続し，回線を利用して情報の入手が可能となった。1993年に当時の副大統領ゴアが情報ハイウェイ構想を発表し，急速にインターネットが普及したといわれている。インターネットは研究用から商業用の分野にまで広がり，世界的規模であらゆる人々が利用している。わが国でもインターネットは当初大学の研究目的で大学間で電話回線により結ばれ，その後各種の研究機関が利用し，研究用から企業により商用としても利用され，さらに一般の家庭の情報入手や伝達手段として利用されるようになった。インターネット技術の向上は，企業戦略上，必要不可欠なツールとなる一方で，インターネットによる犯罪も多発している。情報技術（IT）と情報システム（IS）の融合によりインターネット社会に革新がもたらされる。
〔飯野邦彦〕

□　**インターネット・コマース**　（いんたーねっと・こまーす）

　インターネット・コマース（Internet Commerce）は，インターネットの普及とともに商業利用のニーズが増えるなか，たくさんの企業がインターネットを利用して利益を上げる方策を実験している。つまり，インターネット上で展開される商取引のことを総称している。また，インターネットビジネスといってもおかしくない。インターネット・コマースの領域はさまざまで単に取引方法だけではなく，インターネットに関係する項目も含む。たとえば，Webにおけるビジネス，デジタルストア，エレクトロニックコマース（eコマース），とくに電子取引・電子データ交換（EDI: Electronic Data Interchange）やデジタル認証，電子決済，バンキング，オンライン証券，出版なども含む。近年では，インターネット・コマースプロバイダーとして，デジキャシュ，サイバーキャシュ，オープンマーケット，チェックフリー，スマートカードなどができている。実際にはデジタルストアの開設が多いが，従来のカタログ通信販売がインターネット上で展開されているケースもある。
〔金山茂雄〕

□ インターネット実名制 　(いんたーねっとじつめいせい)

インターネット上での個人攻撃や中傷による被害が多発している。国境を越えて情報が飛び交う「ボーダーレス」化が進むなか、ネット社会のひずみが各国でも顕在化している。韓国は2007年7月、関連法を改正し、掲示板に書き込んだ人物を特定できる「制限的本人確認制」(インターネット実名制)を導入した。同時に、悪意の書き込みなどの被害通報があった場合には、サイト運営者の判断で情報への接続を一時的に遮断できるようにした。インターネット実名制では、利用者はネット接続契約や書き込みサイトへの登録の際、全国民に割り当てられた住民登録番号や氏名の提示が求められる。本人確認は専門の第三者機関が行い、他人になりすました登録は不可能とされる。だが、実際の書き込み時には、ニックネームやIDを使用でき、匿名性が保たれるため、抑止効果には限界がある。車の運転と同じようにナンバープレート(ニックネーム)をつけて動けるが、事故が起これば追跡でき、過ちがあれば責任を問われる。これを利用者により広く周知させていけば、効果が表れる。

〔秋山義継〕

□ インターネット普及率 　(いんたーねっとふきゅうりつ)

インターネット普及率とは、総務省においては、インターネット人口普及率のことをさしている。この人口普及率は、インターネット利用人口を全人口で割ったものとされる。平成19年末のインターネット利用人口は、8811万人(対前年比0.7%増)、人口普及率は69.0%(対前年0.5ポイント増)と推計される。

国際電気通信連合(ITU: International Telecommunication Union)が実測した2007年の世界におけるインターネット普及率は、全世界平均で8.2%である。地域別では、最も普及率の高いのは、オセアニアで31.7%、続いて欧州の20.3%、南北アメリカの11.8%となっている。なお、アジアは6.6%、アフリカ1.1%と低水準となっている。

〔坂野善隆〕

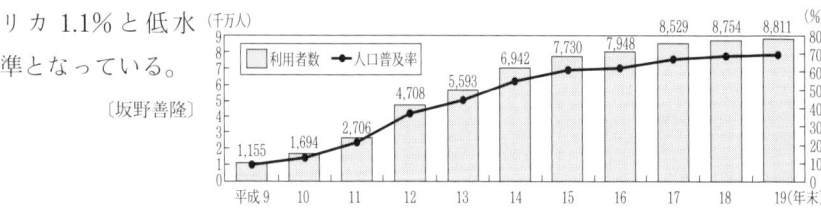

□ **ウィルス** （うぃるす） Virus

　コンピュータ・ウィルス（Computer Virus）とは，コンピュータシステムに障害を与えて，蓄積されている情報を使用不可能にさせる目的で不正に他人のコンピューターに侵入するプログラムである。正常な操作が不可能となり，ファイルにも影響を及ぼす。感染ルートはさまざま考えられるが，インターネットからダウンロードしたファイル，借用したフロッピーディスクやEメールなどを介在して感染する。またウィルスに感染したことを知らずに使用し，他人のコンピュータに感染させることも考えられる。このように感染ルートは，メールの添付ファイル，Webサイト，コンピュータの基本ソフト（たとえばWindowsなど）に侵入するなどさまざま考えられる。コンピュータウィルスも次々と考えられ，あらゆる手法によって挑戦してくるのであり，撃退法も撃退ツールも進化し，サイバー・テロリズムと戦うことになる。情報社会への挑戦であり，法的手段も構築していくことが求められている。企業にとっても個人にとっても情報の流出は命運を分けることになりかねない。　〔飯野邦彦〕

□ **Web** （うぇっぶ）

　正式には，「World Wide Web」（WWWと略称する）という。その語彙どおり，「世界中に広く張った網」ないし「世界中に張り巡らされた蜘蛛の巣」という意味である。「インターネットが世界の隅々まで張り巡らされ，それを基盤として地球規模のアプリケーションとしての情報共有システムが，地球全体が蜘蛛の巣で覆われてしまったかのような状態で実現されている様子を表す」（増永良文『コンピュータサイエンス入門・コンピュータ・ウェブ・社会』サイエンス社，2008年）ために名づけられた。歴史的には，WWWは，1989年に，バーナーズ・リー（Tim Berners-Lee: 1955-）により発明された。彼は，当時，スイスのジュネーブにおかれていた「欧州原子核研究機構」（CREN, European Particle Physics Laboratory）に勤務していたとき，地球規模の情報共有のためのインターネットを基盤としたハイパーテキスト構想として発明した。URL，HTTP，HTMLの最初の設計も彼の手による。1990年の暮れ，世界で最初のウェブサーバ（http://info.cern.ch）はCRENにおかれた。　〔坂野喜隆〕

う

□ **ウォークイン** （うぉーくいん） Walk-in

　予約なしに、当日直接来館し、宿泊を希望するためにフロント・カウンターを訪れるフリー客のことをいう。予約なしのため、利用客の身元のチェックやDeposit（➡デポジット＝客室料金の2倍程度の前払い金）の請求を行うのが一般的である。請求は現金のほかクレジットカードのインプリンティングなどを要求し、現金の場合、差額はチェックアウト時に返金する。以前のウォークインは終電への乗り遅れによる突発的な宿泊需要がほとんどだったため、駅前のビジネスホテルに多いといわれていたが、近年、ホテルの格式にかかわらず立地の便利なホテルでは、このウォークインの割合が増えている。理由としては、ホテルの軒数が増え、買い手市場となっていることによるものと推察される。またホテル利用についても利用客のニーズが多様化していることからであろう。ホテル側としては、不確定な宿泊需要ではあるが、正規料金を請求でき、さらに旅行会社など予約仲介による手数料が不要のため、経営効率のうえからは魅力的な上客とも考えられる。

〔白土　健〕

□ **運行供用者責任** （うんこうきょうようしゃせきにん）

　ある事業のために他人（被用者）を使用する者は、その被用者が事業の執行について第三者に加えた損害を賠償しなければならない（民法715条1項）とされ、この責任を使用者責任という。被用者が業務中に交通事故を起こし、他人に損害を与えたときはこの規定によって使用者も損害賠償をしなければならないことになる。交通事故の被害者については、使用者責任とともに、民法の一般不法行為に関する規定（民法709条）によって救済が図られてきたが、これらの民法上の規定は原則として、被害者が加害者の故意・過失を立証しなければならず、交通事故の多発・多様化に伴い被害者が立証責任を果たすのは困難な場合が多い。そのため、①自己および運転者が自走者の運行に関し注意をおこたらなかったこと、②被害者または運転者以外の第三者に故意または過失があったこと、③自動車に構造上の欠陥または機能の障害がなかったこと、の3点をすべて立証しないかぎり損害賠償責任を負うものとして、運行供用者に実質的な無過失責任を負わせることとした（自動車損害賠償保障法3条）。〔松岡弘樹〕

□ **運賃計算キロ** （うんちんけいさんきろ）

　旅客鉄道（JR）の運賃計算キロは，幹線と地方交通線とを連続乗車する際の営業キロと賃率換算キロ（JR四国・九州では擬制キロ）を合算したキロ数である。旅客鉄道（JR）の運賃計算において，幹線と地方交通線とを連続乗車する場合，幹線の営業キロ数と地方交通線の賃率換算キロ数（JR四国，JR九州は擬制キロ数）の合計を算出して基準額を算出する。その際の合計キロ数のことを運賃計算キロと称している（**➡営業キロ，擬制キロ，賃率換算キロ**）。

　東海道・山陽新幹線の時刻表キロ数欄に，営業キロ数とともに運賃計算キロ数が掲載されているが，これは山陽本線と地方交通線の岩徳線（岩国〜櫛ケ浜）の特定区間を含む関係で，運賃計算上最短経路である岩徳線経由の賃率換算キロで運賃を算出するために，利用者の利便性を考慮しているものである。

　同様に，JR四国の予讃線（幹線）と内子線（地方交通線）のページにも同様に運賃計算キロの表記がある。ただし，このページの運賃計算キロ数は，予讃線の営業キロ数と内子線の擬制キロ数の合計である。　　　　　　　〔佐藤勝治〕

□ **ASV** （えいえすぶい）　Advanced Safety Vehicle

　エレクトロニクス技術の応用により知能化し，運転時の安全性を格段に高め，事故予防，被害軽減に役立たせる目的で開発される自動車。先進安全車，ハイテク安全車ともいう。1991年から運輸省（現国土交通省）に設置されたASV推進検討会で研究開発が進められ，2001年からは普及促進のための検討が行われてきた。ASVの機能としては，ドライバーの死角になりやすい車両の後方の映像をモニターに映りだしたり，後方から車が迫っていることを知らせたりすることで，安全確認の支援をする機能が考えられる。また，危険な状況に対して警報を出す機能や，ドライバーの表情や車両のふらつき具合から居眠りを検知して音声で注意したり，車両の後方に人がいることを音声で知らせる機能なども検討されている。ASVは車両周辺の交通事情や路面状況などの情報を各種センサーや通信装置を用いて収集するシステムであり，その点で，まだ通信の確実性の不安と，路面状況を性格に情報化することの難しさがあって，メーカー各社はこの点の技術開発にしのぎを削っている。　　〔桑原賢二〕

□　**営業キロ**　（えいぎょうきろ）

　運賃などを計算するうえでの基本キロ数であり，原則として駅間の実測キロ数（実キロともいう）である。旅客鉄道（JR）の鉄道線区では，幹線運賃の算出時に使用するほか，乗車券有効日数の算定や特急・急行・グリーン料金など，対キロ制料金の算出の際にも使用される。

　国鉄時代の1984（昭和59）年4月20日運賃改正までは，営業キロのみであったが，いわゆる赤字ローカル線と呼ばれた線区の輸送人員の減少，営業係数の悪化などから，国鉄再建法制定後，1981（昭和56）年国鉄の鉄道線区を幹線と地方交通線に区分し，地方交通線には営業キロの約1.1倍の賃率換算キロ（1996年からJR四国・九州では擬制キロ）を設定して運賃計算に用いることとなり，異なる運賃を適用することから，全国統一運賃が崩れることとなった。

　なお，新幹線の営業キロは実測キロではなく，並行する在来線の営業キロに合わせている（➡**運賃計算キロ，擬制キロ，賃率計算キロ**）。　　　　〔佐藤勝治〕

□　**エコツーリズム**　（えこつーりずむ）　Ecotourism

　環境大臣を議長とした「エコツーリズム推進会議」（平成15～16年）ではエコツーリズムの概念を「自然環境や歴史文化を対象とし，それらを体験し，学ぶとともに，対象となる地域の自然環境や歴史文化の保全に責任を持つ観光のありかた」とした。「エコツーリズム推進法」（平成19年）においては，「自然環境の保全」「観光振興」「地域振興」「環境教育の場としての活用」を基本理念としている。

　自然保護や環境保護への関心の高まりから，受け入れ地域の生態系などの自然環境や生活・文化を損なわずに行う新しい旅行のスタイルである。地域資源の健全な存続による地域経済への波及効果が実現することをねらい，資源の保護プラス観光業の成立プラス地域振興の融合をめざす観光の考え方である。それにより，旅行者に魅力的な地域資源とのふれあいの機会が永続的に提供され，地域の暮らしが安定し，資源が守られていくことを目的とする。旅行業界や有識者などで構成する「日本エコツーリズム協会」ができている。　〔桑原賢二〕

☐ **エコ設計** （えこせっけい） Eco Design

　ライフサイクルを考慮した設計のことで，環境配慮型設計とほぼ同義語。製品の製造・使用における省資源化，省エネ化を推進するための設計であり，廃棄物の発生抑制，再使用，再生利用を実現するためのデザインとして期待が高まっている。エコ設計により，① エネルギーや原材料の減少，② 廃棄物の減少，③ グリーン・コンシューマの満足，④ グリーン・インベスターからの投資，⑤ 環境リスクの低減などの利点があげられる。近年，海外の政府・国際機関においてエコ設計に適合した製品にシールやラベルを添付するようになってきている。こうした取り組みは，消費者が「環境への影響」に配慮している製品を識別するのに有益である（➡環境ラベル）。

　たとえば，テレビの製造において 2000 年の製品を 1997 年と比較した場合，①有用貴金属を含む電子基板を 1 ブロックに集約（分解性の向上）して部品の軽量化，②梱包材の小型化（省資源性の向上）などが進められた。　　〔桜井武典〕

☐ **SEM** （えすいーえむ） Search Engine Marketing

　事業者が，商品やサービスの購買につなげるなどの目的で，検索エンジンを利用して，自社の Web サイトへの訪問者を増やすために用いるマーケティング手法の一つ。Web マーケティングを扱う業界では，検索エンジンの検索結果ページから特定のサイトを訪れる人はその分野に関心をもっている可能性が高く，ゆえに，その人は優良な見込み客になるであろうということが経験的に認知されていた。検索エンジンを広告媒体として積極的に活用するマーケティング活動である SEM は，この経験則を応用したものであるといえる。SEO (Search Engine Optimization) という自社サイトを検索結果の上位に掲載されるようにコンテンツを最適化する方法や，有料リスティングサービスによる広告掲載など比較的単純な作業による手法をいうこともあれば，サイト内のユーザー導線を考慮したサイト全体の構築までを行う本格的な作業まで含める場合もある。SEM は，短期的には効果が出にくいとされ，アクセスログ解析などの分析を行いながら，長期的，継続的に進めていく必要がある。　　〔太田　実〕

え

☐ **SEO** （えすいーおー） Search Engine Optimization

　WebページのHTMLの記述や，検索の手がかりとなるキーワード，ファイルやリンクなどの内容を工夫，見直しすることにより，検索エンジンで検索した際に，表示順上位に自らのWebサイトを表示する手法・技術のこと。SEM（Search Engine Marketing）の一手法で，日本語では「検索エンジン最適化」と訳される。検索エンジンは，キーワードに応じてWebページを表示するが，それぞれ独自の方式によって決定されている。たとえば，ロボット型のサーチエンジンではWebページの全文検索を行い，一定のアルゴリズムに従って順位を決定しているが，SEOはこのアルゴリズムを分析することで，特定のキーワードで検索されたときに上位に表示されやすいWebページを作成する。表示順位が上のほうが検索エンジン利用者の目につきやすいため，Webサイト作成などを行う事業者のなかには，SEOの対策の実施を提供サービスの1つとして用意する場合が増えている。いっぽう，サーチエンジンのアルゴリズムも高度化が進んでおり，SEOもこれに対応した進化が求められている。　　〔太田　実〕

☐ **FTTH** （えふてぃーてぃーえいち） Fiber To The Home

　FTTHとは，家庭向けに光ファイバーを使ったデータ通信サービスのことである。FTTHの名称は，以前考えられていた構想の名称であった。この構想は一般家庭に光ファイバーを引いて，インターネットやテレビ，電話などのさまざまなサービスを統合し各家庭に提供しようと考えていた構想の呼び名である。一般の電話回線では音声通話サービスや低速のデータ通信サービス（FAX送受信）しか提供できなかったが，光ファイバーで大容量のデータ通信サービスを次世代の通信インフラとして普及させるのがFTTH構想であった。しかしその後，通信サービスの総称として使われるようになり，今日にいたっている。今も各家庭にはテレビ，電話，電気など，使用に合わせて個別に配線され，効率的・合理的な利用方法といえない。そのため，できるだけ少ない配線でたくさんのサービスが受けられるようにと考えられたものである。光ファイバーはIP電話と一般電話を共用することもでき，都市部を中心に光ファイバーを使った通信サービスの利用が増加している。　　〔金山茂雄〕

□ LRT （えるあーるてぃ） Light Rail Transit

　LRT（路面電車）とは，低床式車両（LRV）の活用や軌道・電停の改良による乗降の容易性，定時性，速達性，快適性などの面で優れた特徴を有する次世代の軌道系交通システムのこと。近年では，少子高齢化，高度情報化社会の進展，自動車依存型社会構造の限界といった社会情勢の変化に伴い，公共交通に大きな役割が期待されている。なかでも環境，都市，人の各視点から要請される各種の課題に対して有効に対処できる公共交通として，新しい LRT に注目が集まっている。海外ではヨーロッパを中心に，いち早く環境にやさしくかつ高齢者・障害者が乗車しやすい超低床式車両（LRV）で，デザインにも優れ，環境や高齢化社会に配慮した LRT を使ったまちづくりが始まった。地球環境，高齢社会，財政などの課題に対して，コンパクトで環境負荷が小さく，まちの活性化やまちづくりに役立つという点で着目されている。パークアンドライドやトランジットモールといった都市施策の一部として構築されているのが特徴である。新しい都市づくりや中心街の活性化を含めた交通体系である。　〔川津 賢〕

□ 往復割引 （おうふくわりびき）

　旅客鉄道（JR）における往復割引は，営業キロ数が 600km を超える同一区間を往復乗車する場合に適用される。割引方法は，片道普通運賃の 1 割引（端数整理した金額）を算出し，それを倍額する。

　以前は，復路の普通運賃が 2 割引として適用されていたが，JR 九州の境界駅設定の関係で，同一区間であっても利用線区が異なる場合，同一運賃でなくなることから，片道運賃から割り引く方法に修正された経緯がある。

　往復割引は，同一区間を同一線区で往復利用する場合に適用されることが原則であるが，JR 西日本と JR 九州との境界駅が，在来線（山陽本線）を利用する場合は下関駅であるのに対して，山陽新幹線を利用する場合には，小倉駅，博多駅となり，JR 九州内を利用するキロ数が異なることから，加算額が同一ではなく，したがって，普通運賃額に相違が生じてしまったためである。

　なお，運賃は重複して割引は適用されないが，学生割引が適用される場合においては，往復割引と重複の割引を受けられることとなっている。　〔佐藤勝治〕

□ オーバー・ブッキング　（おーばー・ぶっきんぐ）　Over Booking

　航空機の座席やホテルの客室数を上回る予約を取ること。当日キャンセルや不着客などによる売り上げの減少を防止する手段として意識的に絶対客室数（絶対座席数）を上回る予約を行い，満室状態に限りなく近い実績を残すための経営戦略である。ただし，極端あるいは連日のオーバーに関しては，コントロールの手法を正さなければならない。ホテル側（あるいは航空会社）と利用希望客との需給のバランスで，常に100％販売とはいかず，また予約超過では収容しきれない。加えて大型シティホテルには多くの種類の客室がある。さらに個人，団体を問わず，利用者側にいくつもの希望条件があるので，それらの需給諸条件を調整しなければならない。予約を集約し整理するには，長い経験（過去のデータや予約状況の見極め）が必要である。しかしこのオーバー・ブッキングがホテル側にもたらすリスクは大きい。チェック・インする客が次々現れるのに客室がなく，他ホテルを手配し，その費用を負担，客からは不平不満をぶつけられ，ホテルの信頼を失墜する危険をはらんでいる。

〔白土　健〕

□ オゾン層の破壊　（おぞんそうのはかい）

　オゾン（O3）は酸素分子が3個付いた気体で，大気中にごく薄く存在し，その量は標準気圧で2～5mm程度である。成層圏の地上20～25kmの高さで最も高密度となるため，この付近をオゾン層と呼んでいる。オゾン層は太陽光に含まれる有害な紫外線の大部分を吸収し，地球上の生物を守っている。近年このオゾン層がフロンガスなどによって破壊されている。南極上空では，オゾンが極端に薄くなる（ときには50％以上）オゾンホールが毎年春（9～10月ごろ）に現れる。その原因は，冬の間上空に閉じ込められ凍結していたフロンガスの塩素が春になって解放され，急激にオゾンを破壊するためと考えられている。そのため1987年のモントリオール議定書などによってフロンガスの製造がきびしく規制されている。近年，その効果がようやく現れ，1990年代後半をピークに成層圏におけるフロンの量が減少しはじめているという報告もある。このまま計画通り規制を続けると，2065年ごろには南極上空のオゾンホールが消滅するのではないかと予測されている。

〔中村陽一〕

☐ **温室効果ガス** （おんしつこうかがす）　Green House Gases

　大気中にあって，地表から放射された赤外線の一部を吸収することにより温室効果をもたらす気体の総称。近年，温室効果ガスの大気中の濃度が人間活動により上昇し，地球温暖化が進んでいる。1997年の京都議定書では，以下の6種類が削減対象の温室効果ガスと定められている。①二酸化炭素（CO_2）：石油・石炭・天然ガスなどの化石燃料の燃焼や，森林破壊によって発生する。現在進行している地球温暖化の原因の約6割を占める。②メタン（CH_4）：湿地や水田，家畜の糞から発生する。近年，永久凍土の融解による発生増加が懸念されている。二酸化炭素を1とした温暖化係数は21，③亜酸化窒素（N_2O）：海洋や土壌，窒素肥料や工業活動によって発生する。温暖化係数は310，④ハイドロフルオロカーボン類（HFCs）：いわゆる代替フロンと呼ばれるもので，温暖化係数は数百から数万，⑤パーフルオロカーボン類：主に半導体の洗浄剤として使われていた。温暖化係数は数千，⑥六フッ化硫黄（SF_6）：電気・電子機器の絶縁材として使用される。温暖化係数は23900。
〔中村陽一〕

☐ **カーシェアリング** （かーしぇありんぐ）　Car Sharing

　一台の車をみんなで使用することをカーシェアリングと呼ぶ。公共交通機関を使用して移動できるところでも，自分の車だと便利なのでつい使用してしまうことがある。カーシェアリングなら，車で移動するのにかかる経費が実感できるので，車を使用したときの走行距離が減らせる。車の台数が減少すれば交通渋滞も緩和され，二酸化炭素の排出量も減少することになる。しかし，カーシェアリングが環境対策に有効なのはわかっているが，日本ではまだまだ普及していないのが現実である。ヨーロッパでは都市交通対策としても，政府主導でカーシェアリングが進められてきている。最近，このカーシェアリングがマンションなどの集合住宅のサービスの1つとして導入されることが増えてきている。顔見知りのマンション住人と車を共有できるなら，なんとなく安心だし，マンションの駐車場に車があるのは便利だし，自動車税，駐車場料金なども少ない費用で賄えることも経済的である。これからはカーシェアリング付きマンションが人気になるかもしれない。
〔秋山義継〕

□　**外国語表示**　（がいこくごひょうじ）

　外国語表示は，交通機関ではもちろんのこと公共施設や一般の企業商品にもみられる。交通の例ではJRの運行情報ディスプレイなどは外国語表示のものとして代表的である。このような外国語による案内を開始した例では，東京都交通局の取り組みが新しい。東京都交通局では，都営地下鉄全駅（押上・目黒・白金台・白金高輪・都営新宿線新宿を除く駅）の改札口付近に40インチの液晶ディスプレイを設置し，都営地下鉄および他社線の運転見合わせ・遅延などの情報を提供している（平常時は沿線のイベント情報などを表示）。

　交通局によると，平成19年12月より外国人の客へのサービス向上のため，従来の日本語に加えて，外国語でも表示することになった。対応言語は英語，中国語，韓国語の3カ国語である。設置駅は101駅（173カ所）に及ぶ（交通局URL　http://www.metro.tokyo.jp/INET/OSHIRASE/2007/12/20hci200.htm）。ほかにJRの取り組みでは，みどりの窓口の切符の表示で乗車券や特急券など一般的な切符の記載事項を英文にして発券することもできる。
〔秋山智美〕

□　**外国人への多言語支援**　（がいこくじんへのたげんごしえん）

　外国人に対する言語支援とは，日本に在住の外国人や観光に訪れる外国人に対する言葉の支援やサービスをいう。従来，日本語のみで行われてきた行政の情報サービスや鉄道における案内板の外国語表示や路線案内などが代表的な支援の1つである。すでに行政では日常の生活情報や緊急災害，医療，福祉に関する情報は日本人生活者と同様に外国人生活者にも必要であるといった観点から相手に理解しやすいように伝えている。行政には外国人生活者向けの冊子およびパンフレットなどあり，多言語の使用形態としては，日本語の対訳，もしくは言語ごとの個別表記，多言語表記などがみられる。言語情報サービスの場には行政が提供する場以外にも空港や地方自治体の窓口，医療機関や公共交通機関など，公的施設だけに限らない。外国人への多言語支援には，情報媒体の多言語表示で多く解消されるだろう。しかし，外国人への多言語支援の整備やあり方には今後もさらなる積極的な施策が求められる。
〔秋山智美〕

□ **海洋汚染防止法** （かいようおせんぼうしほう）

1970（昭和45）年12月25日法律136号。「海洋汚染等及び海上災害の防止に関する法律」。海洋汚染や海上災害を防止し，人の生命・身体・財産を保護することを目的として，①船舶，海洋施設および航空機からの，海洋および海底の下への油，有害液体物質等および廃棄物の排出，②船舶からの，大気中への排出ガスの放出，③船舶・海洋施設における油，有害液体物質等および廃棄物の焼却，を規制する法律である。1970年に，まずは，「海洋汚染防止法」という名称のもと，本法が制定された。そして，1976（昭和51）年には，同年，東京湾で発生した船舶の衝突・炎上事故を契機として海上災害の防止体制の整備を目的とする改正がなされ，さらに2004（平成16）年の改正を経て，現行のものとなった。本法は，業務停止命令違反や届出義務違反に対する罰則のみならず，船舶等からの海洋などへの油等の排出など，上記の諸禁止行為に対する罰則が設けられており，また，これらの行為の一部につき，過失行為も処罰されている。

〔宿谷晃弘〕

□ **加害者** （かがいしゃ） Assailant

交通事故の加害者は大別して，民事責任・刑事責任・行政責任の3つの責任を負うこととなる。民事責任は，被害者に対する損害賠償責任であり，運転者本人のほかに使用者や車の保有者も運行供用者としての責任を負う場合がある。

交通事故の場合，民事責任として損害賠償の対象となる損害は治療費・入院費・葬儀費などの積極損害，逸失利益，慰謝料などがあげられる。刑事責任は，刑罰を受けなければならない法的地位をいい，交通事故を起こして人にケガを負わせたり死にいたらしめると刑事責任として業務上過失致死傷罪・危険運転致死傷罪等に問われる。このときに無免許・酒酔いなどの道路交通法違反があるとこれに併合して処罰される。行政責任は刑罰ではなく，一般に行政処分と呼ばれる行政運転免許の取消または効力停止処分などで行われる。これは，公安委員会が取り扱うもので点数制となっている。原則として，それぞれの責任は別個のものであるため，たとえば，刑事上無罪になったが民事上の損害賠償責任を問われる場合もあり，裁判手続上も分離して処理されている。〔松岡弘樹〕

□　**学生割引**　（がくせいわりびき）

　学生生徒旅客運賃割引証（いわゆる学割証）を提出することによって，営業キロ数100kmを超える区間を利用する際，普通運賃額から2割引の適用を受けることができる。学割証1枚で往復乗車券や連続乗車券の購入も可能である。営業キロ数600kmを超える区間を往復する場合，往復乗車券の運賃は，往復割引（片道普通運賃額の1割引）と重複して学生割引を適用することができる（→**往復割引**）。また，旅客鉄道（JR）とほかの鉄道線区とを連続して乗車する場合にも，営業キロ数が100kmを超える場合には学生割引が適用される。さらに，普通乗車券のほか，周遊きっぷや一部の割引キップでも学生割引が適用される場合がある。

　なお，国内航空業界での学割的存在は，青少年のためのスカイメイト割引制度である12歳以上22歳未満の会員が適用を受けることができる。ただし，予約はできず搭乗日当日，出発空港において空席がある場合にのみ適用を受けることができる。割引率は約51%である（2008年11月現在）。　　　　　〔佐藤勝治〕

□　**格安航空券**　（かくやすこうくうけん）

　正式には，格安航空券は「航空会社が個人包括用に旅行会社に卸している割引料金の航空券」のこと。正式には個人包括運賃（IT）と呼ぶ。仕組みは，ツアー用の航空券を旅行会社に卸してそれをバラ売りにしているのである。また，航空券の売り上げに応じて支払われる販売報奨金を運賃にあてて安くしたものなどがある。それゆえ，旅行会社から購入はできるが，航空会社からは購入できない。最近では，各航空会社が独自に設定した割引運賃で通称「特割」とかいわれている航空券がある。これを「PEX航空券」といい，格安航空券とは違う航空券になる。格安航空券の最大のメリットはどの種類の航空券と比べても値段が一番安いことである。それに比べ，「PEX航空券」は，格安航空券に比べてキャンセル料や座席確保やマイレージなどで優遇されることである。逆に，デメリットは，格安航空券は時間，キャンセル料金，マイレージなどで制限されることが多い。「PEX航空券」は格安航空券に比べて割高（安い場合もあり）で，予約後3日以内に料金を支払わなければならない。　　〔桑原賢二〕

☐ **加算運賃**　（かさんうんちん）

　一般的に基本運賃に加算して徴収する運賃。莫大な建設費用を投じた区間において減価償却や維持管理経費などを，通常の運賃に上乗せして転嫁する目的で設定されている場合が多い。旅客鉄道（JR）においては，次の線区・区間（構築物の開通年月）に設定されている（2008年9月現在）。

　①千歳線　　南千歳～新千歳空港間（新線建設区間　1992年7月）
　②関西空港線　日根野～関西空港間（空港連絡橋区間　1994年6月）
　③瀬戸大橋線　児島～坂出・宇多津間（瀬戸大橋区間　1987年4月）
　④宮崎空港線　田吉～宮崎空港間（新線建設区間　1996年7月）。

　また，旅客鉄道（JR）以外でも，新線建設や複々線建設費用ねん出のために設定される場合がある。

　類似語として，旅客鉄道（JR）の加算額がある。加算運賃が区間を限定して設定されるものに対し，加算額は，JR本州3社とJR北海道・四国・九州とにまたがって乗車する場合の基準額に加算する額のことである。〔佐藤勝治〕

☐ **加算額**　（かさんがく）

　旅客鉄道（JR）においての加算額は，JR東日本・東海・西日本（いわゆる本州3社）とJR北海道・四国・九州とにまたがって乗車する運賃を計算する際に，乗車全区間の営業キロ数（または賃率換算キロ数，擬制キロ数，運賃計算キロ数）から算出される基準額とともに加算する運賃である。これは，本州3社に比べて経営基盤の脆弱なJR北海道・四国・九州が，1996（平成8）年1月に経営改善策の一環として導入したものである。

　加算額適用の仕組みは，本州3社とJR北海道・四国・九州への入口駅（境界駅）から，島内下車駅までの営業キロ数（または賃率換算キロ数，擬制キロ数，運賃計算キロ数）に応じて，各社で設定している加算額表から算出する（運賃総額は，基準額＋加算額）。ただし，JR北海道・四国の境界駅が，各々中小国駅・児島駅の1カ所であるのに対し，JR九州の境界駅は山陽新幹線の場合は小倉駅と博多駅，在来線（山陽本線）の場合は下関となり，JR九州区間の乗車距離が異なることから加算額も異なり，運賃算定に注意が必要である。〔佐藤勝治〕

□　**可視光通信**　(かしこうつうしん)

　可視光通信とは，人の目に見える光「可視光」を使って通信を行う通信技術をいう。私たちの日常の行動や判断の多くは，目から入る情報を受けた視覚に頼っている。目に見えることは，大きな価値をもつことが多く，それを助けるための機器はさまざまな所で使用されている。たとえば，オフィス，家庭，道路上の照明や交通信号機，広告用電光掲示，ディスプレイ，電子機器の表示など目に見える光を発する装置である。その装置に使用されているLED (Light Emitting Diode)による可視光素子は，人の目には感じられないほどの高速に点滅する能力でデータを送信することができる。たとえば，デジタルカメラや携帯電話に装備されたカメラのように可視光を受けとるシステムが普及している。従来の無線，赤外線で生じていた問題点を克服し，ユビキタス（遍在的）超高速で人体電子機器にも影響しない新しい通信システムである。可視光通信は，ユビキタスコンピューティングにいう省エネルギーと快適性に優れた通信として，大きな可能性を秘めている（➡**ユビキタス**）。

〔川津　賢〕

□　**過　失**　(かしつ)　Negligence

　過失とは，注意義務に違反し法律の要求する一定程度の注意を欠いたため，予見可能な事実を認識しなかった心理状態をいう。交通事故の場合は，運転者の過失に起因して起こる場合がほとんどであり，したがって事故を起こした加害者たる運転者は，民事上の責任として故意又は過失があったことを要件とする不法行為に基づく損害賠償責任（民法709条）を負うこととなり，刑事上の責任においても人身の死傷事故を起こした場合，傷害罪や殺人罪ではなく過失を成立要件とする業務上過失致死傷罪（刑法211条）が適用されることになる。また，交通事故などにおける損害賠償額を算定するにあたって，被害者側に過失がある場合に加害者側の賠償額を減額することを過失相殺という。不法行為による被害者に過失がある場合，裁判所は損害賠償の額を定めることができるとされ，過失相殺を行うか否かは裁判所の自由裁量にまかせるものとされる（民法722条2項）。さらに，近年，被害者の救済の観点から，無過失責任を認める立法・判例が増えつつある。

〔松岡弘樹〕

☐ 仮想移動体通信事業者 （かそういどうたいつうしんじぎょうしゃ）

MVNO: Mobile Virtual Network Operator

MVNOは，基地局の免許を取らずに既存の携帯電話会社の回線を借りてサービスを展開する事業者である。総務省が電気通信事業への自由な参入を促すため，2002年にMVNOの事業化に向けた手続きなどの指針を示したことで，参入しやすくなった。MVNOは，通信網などのインフラを一からつくらずに，安い初期費用で参入できる。貸し出す側は，空いている周波数帯を有効に利用できる。MVNOが増えているのは，携帯電話の通信速度が高速化したことに加え，回線を貸し出す側が通信事業に関する情報を開示するようになったことによる。2008年3月から，ウォルト・ディズニー社がソフトバンクモバイルの通信網を借りてサービスを始めた。総務省は，2009年にサービスを開始する「次世代無線通信」でも，周波数が割り当てられた事業者にほかの事業者への回線貸し出しを義務づけているのでさらに増加が見込まれる。MVNOは，独自のサービスや低料金プランをアピールできるかも課題である。　〔秋山義継〕

☐ ガソリン車 （がそりんしゃ）

ガソリンエンジンの基本原理は，空気とガソリンを霧状に混合したものを吸入して，それをシリンダー（気筒）という筒の中で圧縮，電気火花で点火して爆発させる。それによって生じる燃焼エネルギーを駆動力として使用される車である。シリンダーの数や配列によって，「V型6気筒」などいくつもの種類があり，吸入方式にも「自然吸気（NA）」「加給方式（ターボ）」などがある。ガソリン車は，ディーゼル車などに比べて小さく軽量で，排気量あたりの出力が大きく，高回転なことが特徴である。また振動や騒音が少なく，気温の低い環境での稼働が容易である。使用されるガソリンは，炭化水素（HC）に微量の不純物が入っているだけなので，完全燃焼すれば排出されるのは無害な炭酸ガスと水蒸気だけになるはずだが，いまだに完全燃焼させるのは難しく，一酸化炭素（CO）や窒素酸化物（NOx）などの有害ガス，粒子状物質（PM）などが排出される。この有害ガスを浄化するための触媒装置などが着けられているが，車の台数の増加による環境汚染は深刻化している。　〔秋山義継〕

□ **貨物車** （かもつしゃ）

　鉄道車両は，機関車，旅客車，貨物車，特殊車両に大別される。貨物車は，貨物を輸送するための車両で，貨物電車，貨物内燃動車，貨車，貨物車を総称して呼ばれている。

　貨物車は，貨物電車，専用機関車に牽引されて貨物を運送する貨車，荷物車などを総称したものである。さらに，特殊な機能を有するものとして，コンテナを輸送するためのコンテナ固定装置を整備した「コンテナ車」や，液体や粉末などを輸送するためのタンクを設置した「タンク車」がある。

　原料や製品など国内貨物の輸送は，わが国経済活動の基礎であり，円滑な輸送は社会・経済の持続的な発展に不可欠である。近年，国内貨物の輸送量は，鉄道からトラックへのシフトが顕著である。しかし，地球温暖化問題や大気汚染問題の緩和など環境問題が急務の課題となっている状況下，循環型経済社会への転換のためには，鉄道貨物輸送は，自動車に比べ環境負荷に優れた特性をもっているだけに，鉄道貨物の利用促進が期待されている。　〔田中宏司〕

□ **環境アセスメント** （かんきょうあせすめんと）

Environmental Impact Assessment

　環境影響評価ともいう。環境に大きな影響を及ぼす可能性のある事業等による環境への影響を事前に調査し，予測や評価を行う手続きのこと。日本では，環境影響評価法（環境アセスメント法）が1997年に制定，1999年に施行された。同法によって，道路・ダム・鉄道・飛行場・発電所・埋め立てなど，環境への影響が著しい開発事業については，環境影響評価手続きの実施が義務づけられた。調査・予測・評価の項目は，公害にかかわる7項目（大気汚染・水質汚濁・土壌汚染・騒音・振動・地盤沈下・悪臭）と，自然環境の保全にかかわる5項目（地形・地質・植物・動物・景観および野外レクリエーション）から対象となる事業に応じて選ばれる。なお，多くの地方自治体が条例により独自の環境影響評価制度を定めている。そのため，環境影響評価法の対象とならない比較的小さな開発事業でも条例による環境アセスメントが行われることがある。〔中村陽一〕

☐ **環境監視**　（かんきょうかんし）　Environmental Monitoring

　大気環境や水質環境などの状況について，定期的あるいは継続的に監視することで，環境モニタリングと同義語。近年，温室効果ガス，硫黄酸化物，窒素酸化物などによる環境影響に対する懸念が高まるなか，世界的規模での取り組みが進められている。環境監視のために高度な通信システムを利用し，リアルタイムにデータの収集，解析，管理を行うことができる。〔桜井武典〕

参考文献：『大気中有害金属実測調査計画（案）』
（URL　http://www.env.go.jp/chemi/tmms/1801/mat05_2.pdf）

☐ **環境経営学**　（かんきょうけいえいがく）　Environmental Management

　環境経営学とは「利益を確保しながら，環境負荷軽減のための省エネ化・省資源化を推進する経営の考え方と方法論」である。急速な生態系の変化に対応するため，環境効率化と利益効率化を同時に達成するマネジメントが求められる。このような視点から組織体を経営管理することを環境経営ととらえ，環境経営を体系的に扱う専門分野を環境経営学と呼ぶ。

　環境経営で最も深刻なテーマは温暖化問題である。地球の気温が上昇し，海流や気流のメカニズムに変化が生じていることは確かであり，台風の多発や北極圏の氷溶解，干ばつなどの異変が顕著に現れている。先進諸国は，こうした現象への対応を早急に取り組んでいかなくてはならない。実際に先行して環境経営を導入している企業ほどロスが減少し，収益を上げている。ヨーロッパ諸国では企業価値を高める最大の好機であると奨励している。いまや，環境経営に寄与することは顧客満足の基本的条件であり，逆にビジネスチャンスにつながる公算が高い。

〔桜井武典〕

□ 環境税 (かんきょうぜい)

　温室効果ガスや環境汚染物質など，環境に負荷を与える物質の排出を抑制する目的の税。また，その税収によって環境の悪化を防止する目的もある。狭義には二酸化炭素の排出に課税する炭素税のことをさすこともある。炭素税は，地球温暖化の有効な対策とされ，デンマーク・スウェーデン・ドイツ・オランダ・イギリスなどで導入されている。課税方式としては，温室効果ガスの排出に直接課税する方法と，ガソリン・軽油などの自動車燃料や原油・石炭などに課税する方法がある。ただし，ガソリン税のように燃料に課税するものであっても，環境保全を目的としたものでなければ環境税とは呼ばない。炭素税は日本でも環境省が導入を提唱しているが，経済産業省や日本経団連や日本商工会議所などの反対により導入されていない。環境税は広義には環境保全を目的とした各種の税も含まれ，たとえば地方自治体が法定外目的税として設けている産廃税や森林税なども該当する。　　　　　　　　　　　　　　　〔中村陽一〕

□ 環境的に持続可能な交通 (かんきょうてきにじぞくかのうなこうつう)

　　　　　　　　　　　　　　EST: Environmentally Sustainable Transport

　環境的に持続可能な交通（EST）とは，1994（平成6）年に経済協力開発機構（OECD）が提唱した政策ビジョンである。温暖化，酸性雨，オゾン層破壊などの地球環境問題に対応するため，より効率的で持続可能な交通計画が関心を集めている。①大型公共バスの利用促進，②ESTのための道路整備，③クリーン自動車の活用などヒトやモノの移動について，「環境的」「経済的」「社会的」な交通基盤を整備することが不可欠になっている。過去のEST事例としては，ドイツのブレーメン市における公共交通とカーシェアリング共用カードの導入やハンガリーにおけるCNGバスの開発・導入，オーストリアのランゲンロイス市における交通削減社会の実現，イタリアの歴史的都市における人を中心とする交通体系の構築などがあげられる。国内では，国土交通省を中心に普及推進に取り組む地域を選定し支援している。2008（平成20）年は千歳市，恵庭市，松山市の3地域を選定した。　　　　　　　　　　〔桜井武典〕

□ **環境ラベル** （かんきょうらべる） Environmental Label

消費者が環境にやさしい製品やサービスを購入する際の判断基準になるラベルのことで，エコラベルともいう。ISO（International Organization for Standardization:国際標準化機構）14020において一般原則が規定されている。日本ではエコマークがこれにあたる（➡エコ設計）。〔桜井武典〕

世界の主要な環境ラベル

オーストラリア　カナダ　クロアチア　チェコ　EUほか　ドイツ

香港　インド　大韓民国　ニュージーランド　北欧　台湾

スペイン　スウェーデン　スウェーデン　タイ　アメリカ　中国

フランス　ハンガリー　オランダ　ポーランド　スロバキア　シンガポール

出所：環境省　環境ラベル等データベース，平成20年
http://www.env.go.jp/policy/hozen/green/ecolabel/co1-02.html

□ **観光タクシー** （かんこうたくしー）

観光的に使用するタクシーのことをいい，タクシー乗務員が観光名所を巡りながら乗車しているお客様に観光案内をする。観光タクシーは，都市や観光地を営業拠点として，都市内域や近隣の史跡名所，社寺仏閣，温泉，歓楽街などを巡り，定期観光バスのような時間に縛られたくない観光客，自分自身のペースでゆっくり周りたい観光客に適している。観光客にとってタクシードライバーは，プロのドライバーであると同時に地域観光資源を熟知したインタープリターでもある。タクシー会社によっては，乗務員に対して観光ガイドとしての社員教育を徹底させ，各観光名所や飲食店をお客様の好みに合わせた時間やモデルコースを用意している。利用料金は距離制と時間別利用がある。たとえば，大阪ではユニークな観光タクシーがある。これは日本水陸観光が保有する「水陸両用観光タクシー」でドイツ製RMAを利用する。乗車定員は5～6名であり，一般道路，高速道路も走行できる。さらにスクリューを出して船舶として水上走行が可能となる。旧淀川を中心に観光事業を行っている。〔井上博文〕

□ **観光バス** （かんこうばす）

　観光バスとは，観光を主目的としたバスの総称であり，定期観光バスと観光目的の貸切バスに分けられる。定期観光バスは，乗合バスの一形態で都市や観光地において定時，定路線を運行しており数カ所の観光地を短時間で結ぶ運送機関として機能を果たしている。多くは東京，大阪，京都，横浜，札幌，仙台，名古屋，福岡などの大都市運行されている。貸切バスは，バスツアーなど観光地を巡ったり，合宿先への足として使われる。車体は一般路線や高速バスとは違った車両を用い，日数，時間，距離などに応じて1台ごとに貸切料金を得る方式で顧客や主催者の依頼に応じた行程で運行する。バスの仕様は，会社ごとに異なりドリンクホルダー，網ポケット，リクライニング機能が最低限設備され，なかにはテーブル，テレビ，カラオケ，冷蔵庫，トイレ，シャンデリアなどといった豪華設備をつけている会社もある。種類は，マイクロバス（18～25名），小型バス（21～25名），中型バス（28名），大型バス（45～60名）とさまざま用意されている。

〔井上博文〕

□ **幹　線** （かんせん）

　基幹となる路線のことである。旅客鉄道（JR）の前身である国鉄の場合，1981（昭和56）年，国鉄再建法が制定され，それに基づいて鉄道線区は幹線と地方交通線に区分された。この区分の基準は，1977（昭和52）年から1979（昭和54）年の平均輸送人員等で決定された。1日1kmあたりの輸送人員が8000人以上を幹線とした。

　1984（昭和59）年4月から，幹線と地方交通線との新しい運賃制度が開始され，地方交通線には賃率換算キロを導入して，幹線と地方交通線とを連続して乗車する場合に割り増し運賃となるようになった。時刻表の巻頭地図では，幹線は黒線で表示されている。なお，新幹線は在来線の複線（別線）であり，この幹線の定義とは異なる。この1984年の新制度開始以来，四半世紀の間，幹線と地方交通線の区分見直しは行われていない。そのため，実態とそぐわなくなってきている路線があることも否定できないところである（➡**地方交通線**）。

〔佐藤勝治〕

☐ **キオスク** （きおすく） Kiosk

「キオスク」と「キヨスク」の2種類のいい方がある。

①「キオスク」説：本来，ペルシャ語の『宮殿』の意味の言葉がトルコ語で『あずまや（公園などにある寄棟式の休憩所）』として取り入れられた。これがヨーロッパに入り，英語では「駅や町で新聞などを売る店」となり，英語のKioskとなる。日本へは英語として伝わる。

②「キヨスク」説：1973（昭和48）年，財団法人鉄道弘済会が駅売店の愛称を募集したところ「清く」と「気安く」の両者の意味を込めた造語として，Kioskからキヨスクとなる。

この「Kiosk」は国鉄分割民営化に伴い，地域別に分社化され，現在，6社ある会社名は「東日本キヨスク」など「キヨスク」を使用している。私鉄にはこの「キオスク」「キヨスク」はまったく使用されていない。JR東日本の駅では2007（平成19）年7月呼び名をキオスクへ統一している。前身は1932（昭和7）年4月上野・東京駅構内に物品購買を行う目的で開始された。　〔山口隆正〕

☐ **機関車** （きかんしゃ）

機関車は，動力や運転装置を装備し，ほかの車両である旅客車，貨物車，特殊車両を牽引する鉄道車両である。大別すると，①蒸気を動力源とする蒸気機関車，②動力に電動機を用いる電気機関車，③動力にディーゼル機関を用いる内燃機関車であるディーゼル機関車とがある。

わが国の鉄道の初期時代には，すべての列車が蒸気機関車により運転されていた。当時は「汽車」といえば，蒸気機関車のことをさしていたが，エネルギー効率の低さや煤煙問題などから電気機関車やディーゼル機関車などに代替された。電気機関車には，車外から直流電力の供給を受け入れて運転する直流電気機関車，車外から交流電力の供給を受け入れて運転する交流電気機関車，交流給電区間および直流給電区間の相互を経由して直通運転できる交直流電気機関車がある。ディーゼル機関車には，動力伝達装置に液体変速機を使用する液体式ディーゼル機関車と，自ら搭載したディーゼル機関が発電する電力の供給を受けて，電動機により駆動する電気式ディーゼル機関車とがある。　〔田中宏司〕

企業倫理 （きぎょうりんり） Business Ethics

　企業倫理は，企業の構成員が，どのように公正で誠実な企業活動を行うかということであり，「ビジネスにおける誠実性である」といえる。わが国でも企業不祥事が続発していることから，いかに企業倫理を徹底するかが企業戦略や企業存続のためにもが重要課題となっている。

　一般的に使用されているコンプライアンスは，狭義の「法令遵守」を最低のベースとして，「社内諸規則・業務マニュアル等社内規範の遵守」と「法の精神や社会の良識，常識等社会規範の遵守」を含めた広義で使われており，ほぼ企業倫理と同じ意味で理解されている。企業倫理を実践し定着させるには，企業倫理委員会の設置，企業倫理担当役員の任命と担当部の設置，教育研修プログラムの作成と実践，行動基準の遵守状況のチェックなどの全社的な企業倫理体制を構築することが望ましい。交通産業は交通基盤の整備と運営，情報通信産業は情報通信基盤の整備と運営を担っているだけに，経営戦力上企業倫理の周知徹底が重要な課題となっている。

〔田中宏司〕

危険運転致死傷罪 （きけんうんてんちししょうざい）

　近年，増加傾向にある悪質な自動車事故に対する罰則強化を求める世論が高まったことを受け，2001（平成13）年11月の刑法改正により危険運転致死傷罪が新設された（刑法208条の2）。刑法では，危険運転致死傷罪を適用する対象として，4輪以上の運転者がきわめて危険性が高い4つの運転行為を行うことにより死傷事故を起こした場合をあげ，これまで交通事故を「過失犯」として，業務上過失致死傷罪（刑法211条）で処罰してきたもののうち，悪質および危険な運転による死傷事故を「故意犯」としてとらえることとなり，死亡事故で1年以上の有期懲役，負傷事故で10年以下の懲役が科せられることとなった。適用対象は「四輪以上の自動車」に限定されていたが，2007（平成19）年の刑法改正により，原動機付自転車や自動二輪を運転して人を死傷させた場合にも，危険運転致死傷罪が適用されることになった。

〔松岡弘樹〕

□ **擬制キロ** （ぎせいきろ）

　四国旅客鉄道（JR四国）と九州旅客鉄道（JR九州）の地方交通線で設定されている運賃計算上のキロ数で，営業キロ数の約1.1倍である。1996（平成8）年1月10日，地方交通線の運賃計算方法を改定した際に，それまでの賃率換算キロ数から変更されたものである。

　本州3社およびJR北海道で適用されている賃率換算キロとの相違点は，主として地方交通線のみ乗車する際の運賃適用方法である。本州3社およびJR北海道の地方交通線のみを乗車する際の運賃は，乗車区間の営業キロ数から地方交通線用の運賃表を参照して算出する。それに対して，JR四国・九州の地方交通線運賃は，原則として擬制キロ数そのものを適用して，幹線と同一の運賃表から算出する。時刻表で運賃を算出する際，賃率換算キロ適用の場合，乗車線区に応じた運賃表をセレクトするが，擬制キロ適用では（特定運賃を除き）乗車線区にかかわらず，一種類の運賃表で済む点が利点である（➡**運賃計算キロ，営業キロ，賃率計算キロ**）。

〔佐藤勝治〕

□ **客室稼働率** （きゃくしつかどうりつ）　Room Occupancy

　客室の使用状態を表わし，そのホテルの商品である客室がどれくらい稼動しているかをパーセントで表わす経営指標。全稼動客室数÷全客室数で求める（主に使用した客室と，そのときに使用が可能であった客室で計算する）。全室満員であれば100％，半分売れると50％，宿泊者がいないときは0％となる。経営状態の把握が容易なので，多くのホテルで経営指標として用いられる。しかしながら，多くのホテルでは，客室利用が2人部屋をシングルとして利用する場合や，グループ利用などの値引きでの利用，接待や招待利用であったりするイレギュラーが多く存在し，宿泊部門の収入効率を表わす指標としては疑問がある。客室の利用状況を正確に把握するほかの指標としては，「定員稼働率」（一定期間の宿泊数÷その期間の延べ宿泊定員）や「ベッド稼働率」（一定期間の宿泊数÷その間に利用された延べベッド数。なお，その場合補助ベッドは含まない），「実収率」（一定期間の宿泊収入÷その期間に販売可能であった客室の正規料金の総合計）もある。

〔白土　健〕

□ 客室乗務員 （きゃくしつじょうむいん）

　航空機内の乗客に対してさまざまなサービスを提供する乗務員をいい，機内サービスの責任者となるパーサーとその下で勤務するキャビンアテンダント（フライトアテンダントともいう）で構成される。客室乗務員は，基本的な接遇を担当する接客乗務員であると同時に，緊急時において乗客の安全を確保する保安要員である。機内で提供されるサービスの良し悪しで航空会社の評価が左右されるため，乗務員に対する資格条件は採用を含めて厳しく，とくに教育訓練には重きをおく航空会社が多い。客船や新幹線などにも客室乗務員を配置しているが，一般的には航空機内の乗務員を客室乗務員といっている。客室乗務員の制服は，かつて「格好」よりも「実用性」を重視していた。しかし，洗練された「デザイン」に注目が集まり，人々に与える印象が大きくなるにつれて，一部の制服については，デザイナーが担当している。たとえば，稲葉賀恵氏（日本航空），田山淳朗氏（全日空），クリスチャン・ラクロワ氏（エール・フランス），エディ・ラウ氏（キャセイ・パシフィック）などである。〔井上博文〕

□ 救急出動 （きゅうきゅうしゅつどう）

　総務省消防庁では，全国の救急業務および救助業務の実施状況を毎年実施している。その結果を「平成18年版救急・援助の概要（速報）」として公表している。平成18年度中の救急出動件数および救急搬送人員は523万3938件，488万8907人（ヘリコプターによる出動件数2775件，搬送人員2690人含む）で，前年比件数4万6490件，搬送人員6万9456人減少。救急出動車による出動件数は1日平均約1万4332件で，約6秒に1回の割合で出動し，国民の約26人に1人が救急車で搬送されている。現場到着までの所要時間は全国平均6.5分であり，医療機関収容までの所要時間は全国平均29.8分となっている。

　また，救急自動車による傷病程度別搬送人員は，軽症が52％，中等症が36.8％，重症9.6％，その他と軽症が多いことが社会での問題点となっている。さらに，消防庁ではすべての救急隊に救急救命士が常時1名配置される体制を目標とし，救命士の養成を行っている。救急士の職務は「器具による気道確保」「除細道」「静脈路確保」「薬剤投与」である。〔山口隆正〕

□ 救護義務 (きゅうごぎむ)

　救護義務とは，交通事故発生時に，「当該交通事故に係る車両等の運転者その他の乗務員」に課せられる義務のうちの1つであり，その内容は，「直ちに車両等の運転を停止して，負傷者を救護し，道路における危険を防止する等必要な措置を講じなければならない」というものである（道路交通法第72条1項）。

　当該車両等の運転者がこの救護義務に違反した場合，5年以下の懲役又は50万円以下の罰金に処せられ，さらに「人の死傷が当該運転者の運転に起因するものであるとき」は，10年以下の懲役又は100万円以下の罰金に処せられる（道交法第117条第1項，第2項）。また，その他の者が本義務に違反した場合には，1年以下の懲役又は10万円以下の罰金に処せられる（道交法第117条の5）。いわゆるひき逃げとは，当該車両等の運転者が，道交法第72条の定める救護義務や報告義務に違反して現場から立ち去ってしまうことをいうが，近年の厳罰化の流れを受けて，2007（平成19）年の道交法の改正により第117条第2項が追加され，罰則が引上げられた。

〔宿谷晃弘〕

□ 京都議定書 (きょうとぎていしょ) Kyoto Protocol

　気候変動枠組条約に基づき，1997（平成9）年12月に京都市で開かれた第3回気候変動枠組条約締約国会議（地球温暖化防止京都会議；COP3）で採択された議定書。地球温暖化の原因となる温室効果ガスである二酸化炭素（CO_2），メタン（CH_4），亜酸化窒素（N_2O），ハイドロフルオロカーボン類（HFCs），パーフルオロカーボン類（PFCs），六フッ化硫黄（SF_6）について，先進各国の削減率を定めた。議定書で設定された各国の温室効果ガスの削減目標は，1990年を基準として2008年から2012年までの平均で，EU 8％，アメリカ7％，日本6％などである。この目標を国際協調によって達成するため，クリーン開発・排出量取引・共同実施の3つのメカニズムについても規定している。これによって国際協調による地球温暖化対策の第一歩が踏み出された。その後，温室効果ガスの最大の排出国であるアメリカが，経済に悪影響を与えるとして離脱したことなどにより，2005（平成17）年2月16日にようやく発効した（➡温室効果ガス，地球温暖化）。

〔中村陽一〕

□　**グリーン・ロジスティクス**　（ぐりーん・ろじすてぃくす）　Green Logistics

　グリーン物流ともいう。温暖化，オゾン層破壊，酸性雨など地球環境に配慮した物流（輸送・保管・荷役・包装・流通加工）が関心を集めている。グリーン・ロジスティクスへの具体的な取り組みには，大量輸送手段の効率化を達成するため，トラック輸送から船舶，鉄道などへのモーダルシフト（Modal Shift）化，低公害車の導入そして梱包資材の削減，製品の回収が行われている。〔桜井武典〕

1トンの荷物を1km運ぶのに消費するエネルギーの比較

鉄　道	100（494 KJ）
海　運	107（528 KJ）
営業用トラック	457（2,257 KJ）
自家用トラック	2,289（11,310 KJ）

注：鉄道＝100とした場合（2005年）
出所：国土交通省総合政策局情報管理部『交通関係エネルギー要覧』平成19年版，p.50

□　**グリーン車（グリーン料金）**　（ぐりーんしゃ（ぐりーんりょうきん））

　1969（昭和44）年5月10日，1等，2等の等級制運賃の廃止に伴い，従来の1等車を特別車両（グリーン車）とし，利用する際には特別車両券（グリーン券）を購入することとした。設定当時，小児料金は大人料金の半額であったが，1974（昭和49）年10月1日の改正で，大人・小児同額となった。

　現在（2008年9月現在）のグリーン料金は，基本となる特急・急行列車用，普通列車用グリーン料金のほか，JR東日本内相互間とJR九州内相互間の特急・急行利用時の料金は別に定めている。なお，特急列車のグリーン車利用時特急料金は，原則として普通車指定席特急料金（通常期）から510円（JR九州は500円）引きとなる。

　さらに，JR東日本（一部JR東海を含む）では，首都圏における普通列車用のグリーン料金を設定し，新たな試みとして，平日料金とホリデー料金，乗車前購入と乗車後の購入とに差異を設けるなどの工夫を施している。〔佐藤勝治〕

□ **経営情報** （けいえいじょうほう） Management Information

　企業にとっての情報とは，ひと，もの，かね，時間やマネジメント（管理）などに関係するものが考えられる。また，政治，経済，社会，文化，税制などの社会情報なども必要になってくる。1960年代にMIS（経営情報システム：Management Information System）が注目され，1970年代にはDSS（Decision Support System）が提唱され，1980年代にはSIS（Strategic Information System）が提唱され導入された。企業にとって必要と考えられる情報を収集し，企業経営に役立つように加工し，経営の意思決定につながる価値のある情報にすることにある。情報を価値のあるものにするためには，ソフトウェアとハードウェアの両面の強化が考えられる。これに情報技術（Information Technology）の向上が不可欠となる。情報の収集と維持・管理・分析し，企業活動をトータル・システムと考えデータベースの構築が求められる。企業は環境適応し，成長発展することが要求される。そのためには，タイムリーな情報を収集，活用することが企業経営上必要不可欠である（➡ IT）。
〔飯野邦彦〕

□ **経営理念** （けいえいりねん） Managerial Philosphy

　企業は，それぞれ創業の精神に基づき，企業活動の基本的考え方，ビジョン，事業領域，行動指針などをまとめており，これらが経営理念または企業理念と呼ばれている。経営理念は，「企業経営についての経営者（および企業）の信条，理想，哲学，ビジョンなど，経営者の価値観や基本的な考え方」をいう。

　経営理念こそが，企業の経営方針・戦略の策定や意思決定をする際の拠り所となり，組織の全メンバーが行動を起こすときの精神的支柱として，企業の諸活動の基本方針となるものである。類似の用語である社是は，組織の理念，価値観を意味し，社訓は仕事のやり方，行動様式，考え方，指針などを意味するなど，経営理念とほぼ同じ内容である。

　経営理念には，上位概念として，企業使命，企業理念など，長期的に守るべき理念・哲学があり，次いで中位概念として企業目的，事業目的，経営方針などを示し，下位概念として行動指針や行動基準，行動規範を示すなど，一定の体系的なものとなっている（➡**行動基準**，CSR）。
〔田中宏司〕

☐ **ケーブルテレビ** （けーぶるてれび）

　ケーブルテレビ（Community Antenna Television）はテレビの有線放送サービスで山間部や人口の少ない地域，離島など，一般のテレビ放送の電波が届きにくい地域でもテレビの放送が視聴できるように開発された放送サービスである。近年では，電話サービスや高速インターネットの接続サービスなどが可能であり，多様な利用方法が選択できる。今では都市部の情報通信インフラとして都市型ケーブルテレビサービスが登場している。日本に比べ国土が広いアメリカでは普及率が高いのである。ケーブルテレビはケーブル1本でテレビや電話，インターネットも利用できる。ケーブルテレビのネットワークを利用すると周囲の環境に左右されることなく，常時安定した画像と音声が視聴できる。

〔金山茂雄〕

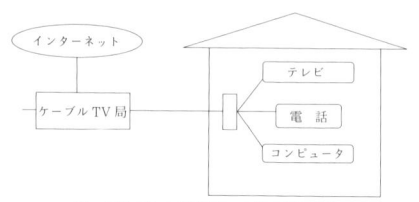

ケーブルテレビ放送サービスの概要図
出所：(社)日本ケーブルテレビ連盟HPから抜粋し，アレンジして作成。
URL http://www.catv-jcta.jp/about_1.html

☐ **後遺症（後遺障害）** （こういしょう（こういしょうがい））　Sequela

　交通事故などによって負傷し，適切な治療を受けたにもかかわらず，将来的に症状の改善が望めない状態になったときに残存する障害を後遺症（後遺障害）という。後遺障の損害賠償は，後遺症による遺失利益（消極的損害）と後遺症に対する慰謝料（精神的損害）に分けられる。症状の改善が望めない状態になったことを「症状固定」と呼び，自動車損害賠償保障法では「症状固定」後の症状を「後遺障害等級表」にあてはめて，14級の等級認定を行っている（自動車損害賠償保障法施行令2条）。等級認定が行われると原則として認定された等級に対応する労働能力喪失率が適用されることになる。後遺症による逸失利益は，一般的に，この労働能力喪失率に被害者の基礎年収と労働能力喪失期間に対応するライプニッツ係数を掛け合わせて算出されている。後遺症に対する慰謝料の算定にあたっては，損害賠償額の定型化・定額化が推し進められており，日弁連が示す慰謝料算定基準が1つの目安として事実上運用されている。

〔松岡弘樹〕

□ **公営鉄道** (こうえいてつどう)

　地方自治体が保有する鉄道のこと。公共交通としての需要は大きいものの，建設費や維持費などの問題から，民間資本では経営が難しいという路線を運行する。大都市の地下鉄などに多く見られる営業形態で，事業者によっては，ほかに路面電車やバスなども保有している。札幌市交通局（1971年12月に最初の南北線が営業運転開始），仙台市交通局（1987年7月に開業），東京都交通局（都営地下鉄12号線は1991年12月に光が丘～練馬間が開始，1999年12月に「大江戸線」と愛称が決定），横浜市交通局（2008年3月に開業），名古屋市交通局（最初の地下鉄東京，大阪に次いで1957年に開業），京都市交通局（1997年10月に開業），大阪市交通局（7路線，111駅，115.6km，の路線をもち，1日平均270万人が利用し，平成7年夏に車両冷房化率100%）神戸市交通局（1995年1月18日の阪神淡路大地震の際には大きな被害を受けたが半年後の7月に完全復旧），福岡市交通局（地下鉄では日本初のワンマン運転），熊本市交通局（1997年8月2日に営業運転開始），鹿児島市交通局（2002年1月15日に営業運転開始）などがある。〔桑原賢二〕

□ **光化学スモッグ** (こうかがくすもっぐ) Photochemical Smog

　工場や自動車などから排出される炭化水素や窒素酸化物が，太陽光線の紫外線による光化学反応で光化学オキシダントとなり，この濃度が高くなって粒子状物質（エアロゾル）として空中に停留しスモッグ状になることをいう。人体への影響としては，目や喉の痛み・咳・めまい・頭痛などで，重症になると呼吸困難・手足のしびれ・発熱・意識障害・嘔吐などがみられる。夏の晴れて風の弱い日に発生しやすい。日本では1970年代をピークに減少傾向にあるが，最近，ヒートアイランド現象や中国からの大気汚染の流入などの影響により増加している地域もある。光化学スモッグの発生が予測される場合には，光化学スモッグ注意報や光化学スモッグ警報が発令される。注意報は，光化学オキシダント濃度の1時間値が0.12ppm以上で，かつその状態が継続すると考えられる場合に発令される。警報は，各自治体が独自に定めているもので，一般的に，光化学オキシダント濃度の1時間値が0.24ppm以上で，その状態が継続すると認められた場合に発令される。〔中村陽一〕

□　公共交通優先システム　（こうきょうこうつうゆうせんしすてむ）

　公共交通優先システムは，鉄道，バスや路面電車など公共交通について，優先信号制御等を利用して，公共交通の定時運行を確保して，運行支援を行うことにより，公共交通の利便性を向上させるシステムである。

　公共交通機関は，不特定多数の人々が利用できる鉄道，路線バス，タクシー，航空機，船舶などの交通機関で，安全性，正確性，快適性，経済性などが求められている。近年は，交通渋滞や環境問題への対応として，人々が利用できる身近な移動手段としての公共交通機関の整備が求められている。公共交通の利便性向上策としては，鉄道，バス，路面電車，タクシーなどそれぞれの特性に応じて，具体的に対応する必要がある。バス交通の事例を見ると，公共施設へのアクセスバス路線や循環バス路線の整備，時間帯別運行ルートの導入，機能的なバス停留所の整備，バス専用・優先レーンの設置などが対応施策としてあげられる。公共交通優先システムは，公共交通機関相互間の連携，バス交通体系の整備など，総合的に対応することが重要である。

〔田中宏司〕

□　航空自由化　（こうくうじゆうか）

　航空自由化とは，航空会社に対する経済的規制を廃止することで，①運賃の自由化，②新規参入の容認，③需要調整の撤廃などがその中心である。1978（昭和53）年アメリカのジミー・カーター大統領は，航空業界の規制緩和法（Air Deregulation Act）に署名し，その結果，航空業界の自由市場への移行を促進した。航空会社は，どこへ飛行し，飛行をいつ開始し，航空運賃をいくらにするかについて，自ら決定することができるようになった。これにより業界に新規参入航空会社や新規運賃，新たな経営方式をもたらした。2007（平成19）年4月にEUとアメリカとのオープンスカイ協定が締結され，現在は空の第8の自由（タグエンド・カボタージュ）と第9の自由（完全なカボタージュ）である相手国内の2地点の輸送を行う権利は，EU域内加盟国の航空会社では相互に認められている。日本における航空自由化は漸進的であり，1986（昭和61）年に国際線の複数社化や同一路線への複数社の参入促進に着手したあと，運賃の弾力化まで10年近く要した。

〔井上博文〕

□　**交差点**　（こうさてん）

　非常用漢字では交叉点と表記する。道路交通法2条1項5号では「十字路，丁字路（T字路）その他，二以上の道路が交わる場合における当該二以上の道路（歩道と車道の区別のある道路においては車道）の交わる部分」と定義。交差点の種類は概ね，次の7種類に分類される。「三叉路（丁字路）」「四叉路（十字路）」「五叉路」「六叉路」「七叉路」「スクランブル交差点」「ロータリー交差点」である。ここでは後者2点を扱う。

- スクランブル交差点：信号機により交差点へ入る車を停止させ，歩行者をあらゆる方向へ横断させる交差点のこと。カンザスシティとバンクーバーで1940年初め設置される。日本では1969年3月，熊本市の子飼交差点が初となる。現在では日本全国に300カ所以上ある。
- ロータリー交差点：中心の「島」の一方向に回転するものをさす。通常，信号機はない。旭川市・釧路市に例がみえる。

〔山口隆正〕

□　**高速道路**　（こうそくどうろ）

　自動車が高速で走行するために造られた道路のこと。英訳をするとExpresswayだが，一般的にはHighwayを用いている。法令上の定義，道路交通法第108条28「交通の方法に関する教則　第7章」に"高速道路とは高速自動車国道と自動車専用道路をいう。高速道路では，ミニカー，総排気量125CC以下の普通自動二輪車（小型自動二輪車），原動機付自転車は通行できません。また農耕用作業車のように構造上毎時50キロメートル以上の速度の出ない自動車やほかの車を牽引しているため毎時50キロメートル以上の速度で走ることのできない自動車も，高速自動車国道を通行することはできません"とある。日本初の高速道路は1963（昭和38）年7月16日の名神高速道路・栗東IC～尼崎IC間が開通した。世界の高速道路に目を転じると，中国では1988年以前，まったく高速道路がなかった。初期の高速道路の1つが北京と石家荘を結ぶ京石高速道路。これは現在，全国最長の京珠高速道路の一部にあたる。ドイツではアウトバーン，アメリカではフリーウェイと呼ばれる。

〔山口隆正〕

高速バス （こうそくばす）

　高速バスとは，高速道路を主に通行する路線バスのことをいう。一般的には，距離が数十kmから数百kmの都市間輸送ないしは都市と観光地を結ぶもののなかで高速道路を利用するものをいう。高速道路を通過する際には，法規によりバスの着席定員以上の乗客を乗せて運行することが禁じられているので，事前に席を予約する「座席指定制」を採用することが多い。一部では一般路線バスと同様に予約不要だが，定員以上は乗車できない「定員制」を採用している。

　運賃が鉄道の普通運賃なみで安価なこと，幹線から支線への直通列車や座席指定夜行列車が減便したことにより，とくに女性や学生に人気が出ている。JRバスグループは，乗り換えを億劫がる中高年齢層をターゲットとして考えていたが，実際は学生など予算に制限があって時間に余裕のある客層に人気があり，学生の長期休暇などの時期では予約が困難になっているほどである。

〔井上博文〕

交通安全教育・交通安全運動 （こうつうあんぜんきょういく・こうつうあんぜんうんどう）

　交通安全教育とは，自動車や自転車の安全な利用方法，交通事故防止，その他交通の安全に関する事項について，警察や関係機関・団体，地域ボランティアなどにより，住民や運転者に対して行われる教育活動のことをいう。交通安全教育は，国家公安委員会によって作成・公表された交通安全教育指針を基準として，年齢層や通行の態様に応じたかたちで実施されている。

　つぎに，交通安全運動とは，交通安全の意識を高め，交通ルールの遵守と正しい交通マナーの実践を習慣づけ，国民自身による道路交通環境の改善のための取り組みを推進することによって，交通事故防止の徹底を図るため，国，地方公共団体や民間団体の連携のもとで実施される運動のことをいう。全国レベルでは，全国交通安全運動が毎年春と秋の2回実施されている。ここでは，運動重点が定められ，交通安全施設や車両等の点検整備，街頭での広報活動，ポスターの掲示，交通安全教室やシンポジウムの開催などが行われる。このほか各地方公共団体が，夏や年末などにも交通安全運動を実施している。〔宿谷晃弘〕

☐ 交通業の労働組合 （こうつうぎょうのろうどうくみあい）

　労働組合とは，労働者が使用者と対等の立場を確保し，主体的・自主的に労働条件の改善，経済的地位の向上を図ることを目的として組織する団体をいう。日本の労働組合は欧米と異なり，大半が同一の企業で働く従業員を対象に企業単位で組織される企業別組合という形態をとり，企業別組合は同一産業ごとに集まって産業別組織を結成する。交通業では，総評時代にリーダー的役割を担った国労（1947年結成）が1987（昭和62）年の国鉄改革時の分裂によりJR各社では少数派となり，JR発足直前にJR総連が，1992（平成4）年にはJR連合がそれぞれ結成された。現在まで両者の組織統一は不調。春闘のリード役を務めた私鉄総連は1947年結成。主要な産業別組織としては，海員（1945年結成），都市交（1947年結成），全自交労連（1960年結成），交通労連（1964年結成），運輸労連（1968年結成），航空連合（1997年結成）のほかに，連合未加盟の自交総連，国労，全港湾などがある。上記の産業別組織は，交通・運輸産業の大産別の交運労協とITF（国際運輸労連）に加盟している。

〔長谷川一博〕

☐ 交通需要マネジメント （こうつうじゅようまねじめんと）

　交通の渋滞や排気ガス公害，地球温暖化などが社会問題になっている。社会に欠かせない自動車交通がさまざまな問題を引き起こしている。その対策として交通需要マネジメントが模索されはじめた。交通渋滞の激しい地域の経済的損失は計りしれない。車の利用者に道路の効率的な利用や公共交通への利用転換などの交通行動の変更を促進させることをねらっている。具体策としては，①モデル地域の駅周辺に駐車場を確保し，マイカー通勤者や買い物客に鉄道やシャトルバスなどの公共交通に乗り換えてもらう「パーク・アンド・ライド」，②渋滞の起きやすい5・10日の商談や金融決済の予定日をずらす「デイ・シフト」，③渋滞を誘発しやすい路上駐車による荷下ろし・荷積みを路上外部に用意した駐車場で作業してもらう「ポケット・ローディング」，④曜日に合わせて指定した末尾のナンバーに該当する業務車は，その曜日にはモデル地域での利用は控える「流入調整」などである。直接効果は交通渋滞の緩和であるが，間接効果として排気ガスの抑制，温暖化防止につながる。

〔秋山義継〕

交通バリアフリー法 (こうつうばりあふりーほう)

　高齢者，身体障害者等の公共交通機関を利用した移動円滑化の促進に関する法律である。高齢者，身体障害者等の自立した日常生活および社会生活を保障することの重要性をかんがみ，公共交通機関の旅客施設と車両等の構造，設備を改善するための措置。地方自治体は，旅客施設を中心とした一定地区における道路，駅前広場，通路その他の施設の整備し，高齢者，身体障害者等の公共交通機関を利用した移動の利便生および安全性の向上を促進し公共の福祉の増進を図る。1日の駅利用者が5000人以上の公共施設でバリアフリー化を推進する。本格的な高齢社会の到来や身体障害者の社会参加の要請が高まるかすべての利用客がより快適に利用できるよう，駅や車内施設のバリアフリー化を積極的に進めて，体が不自由な人でも安心して利用できるよう，点字券売機・誘導警告ブロック，音声案内誘導装置の導入や移動制約者用トイレの増設，エレベーター・エスカレーターの設置など，車内には車いすスペースの確保，視覚案内情報装置など，積極的な整備を行なっている。

〔川津 賢〕

交通反則通告制度 (こうつうはんそくつうこくせいど)

　交通反則通告制度とは，軽微な交通違反については，各違反ごとに定められている反則金を納付すれば刑事訴追を行わないことにより，年々増加の一途をたどる交通刑事事件を簡易，迅速，かつ合理的に処理することを目的として，1968（昭和43）年7月1日から施行された制度である。反則行為の種類は法定されており（道路交通法施行令別表5），歩行者・軽車両の違反行為，過労運転等による違反行為，制限速度30キロ（高速道路40キロ）以上の速度超過などは，反則行為とはされない。反則行為とされるものでも，無免許や無資格運転者による反則行為，酒気帯び・酒酔い運転などの正常な運転を期待しがたい状態での運転による反則行為，および交通事故を伴った反則行為などは，交通反則制度の対象外となる（道路交通法125条2項）。反則金は罰金と異なり罰則ではないのでこれを科されたとしても前科とはならない。しかし，反則金を期日までに納めないと，原則に戻って刑事手続きが進行し，罰金などの刑罰が科せられることとなる。

〔松岡弘樹〕

□ **交通貧困階層** （こうつうひんこんかいそう）Transportation Poor Group

　移動制約者は，都市の交通サービスが便利な地域と過疎地域どこでも多く存在するが，交通貧困階層は交通が不便な地域（過疎地域，都市の郊外部）に存在する。これらの交通対策においては，都市地域などは移動制約者の交通サービスに重点がおかれ，過疎地域などでは交通貧困階層対策に重点がおかれる。

　交通貧困階層は，公共交通サービスが貧しいか，まったくサービスがない地区における移動制約者に加えて交通貧困階層のモビリティーをいかに確保すべきかを考えなければならない。交通貧困階層とは公共交通サービスが貧しい地区に居住し，かつ自動車をもてないか，あるいは運転できない層のことをいう。アメリカでは Transportation Poor Group（交通貧困階層）と呼ばれる。また，自動車を購入できない低所得者層，自動車を購入できても運転のできない者，高齢者，身体障害者，学童，幼児などもこれに含まれる。一般に交通弱者と同じ意味で使用されることが多い（➡移動制約者）。〔秋山義継〕

□ **行動基準** （こうどうきじゅん）

　行動基準は，組織の構成員（役員・社員・職員，非正社員）が企業活動に際して，倫理・法令等に基づき遵守すべき基準，規範，ガイドラインなど価値判断基準をいう。

　企業は，一般的に創業の精神，経営理念を経営の基軸にて経営を遂行しており，行動基準は，これらの行動の価値判断基準として，一人ひとりが遵守できるよう，具体的に項目をあげて解説・説明する。名称も，企業行動憲章，企業行動基準，行動規範，行動指針，ビジネスガイドラインなどと呼ばれ，一般的に「倫理綱領」と総称する。このうち，企業行動憲章は，日本経団連の「企業行動憲章」やグループ全体として使用する事例が多くみられ，主要な5カ条から10カ条の基本方針や判断価値基準を示している。いっぽう，行動基準の主要な内容は，社会との関係，法令等遵守，顧客，株主，地域社会などステークホルダーとの関係，役員・社員の行動と責務などについて，基本姿勢と判断基準，さらに罰則規定など，具体的な30～50項目について説明している。〔田中宏司〕

□ 高度道路交通システム　（こうどどうろこうつうしすてむ）

Intelligent Transport Systems

情報技術を援用して，道路輸送管理を円滑にするためのネットワークシステム。自動車経路誘導システムに導入されている道路交通情報通信システムや高速道路料金所において自動で料金を収受できるシステム，効率的な運転管理によりCO_2の大幅な削減効果が可能となるエコ・ドライブ支援など「安全性」「経済性」に加えて「環境性」という観点からも現代社会において欠かせないシステムになっている（参考URL　http://www.its.go.jp/ITS/j-html/）。〔桜井武典〕

ITSの開発分野，サービスシステム

①ナビゲーションシステムの高度化	⑥公共交通の支援（公共交通利用情報の提供）（公共の運行）（公共交通の運行）（運行管理支援）
②自動料金収受システム	
③安全運転の支援，先進安全自動車	
④交通管理の最適化（交通量の最適化）（交通事故時の交通規制情報の提供）	⑦商用車の効率化（商用車の運行管理支援）
	⑧歩行者等の支援（経路案内）（危険防止）
⑤道路管理の効率化（特殊車両等の管理）（通行規制情報の提供）	⑨緊急車両の運行支援（緊急時自動通報）（緊急車両経路誘導）（救援活動支援）

□ 高齢ドライバーと交通事故　（こうれいどらいばーとこうつうじこ）

社会の高齢化に伴い，高齢ドライバーの事故件数も増加傾向にある。警察庁の統計によると，2007年末現在，65歳以上の運転免許保有者は約1107万人である。このうち70歳以上が約615万人を占め，過半数を超えている。1997年から2007年の10年間で，65歳以上の運転免許保有者は1.91倍に増加している。65歳以上の運転者による交通事故も10年間で2.08倍，75歳以上では3.12倍に増加している。事故の特徴として，出合い頭の事故，右折時に反対車線の直進車と衝突する右直事故の割合が多い。また，法令違反別の事故件数で見ると，安全不確認と一時不停止の割合が高い。買い物や通院などで車を利用する昼間に，比較的近距離の運転で身近な生活道路にある小さな交差点などが事故現場になっている。高齢ドライバーの事故防止のポイントは，①身体的機能の衰えを正しく認識する，②交通ルールを再認識する，③「かもしれない運転」を心掛ける，である。加齢による視力や聴力，運動機能の低下などは運転に悪影響を及ぼすので，身体の変化に応じた運転をする。

〔秋山義継〕

□ コージェネレーション （こーじぇねれーしょん） Co-Generation

コージェネレーション，または熱電併給発電ともいわれる。発電のおよそ60％は排熱として放出されるが，このシステムを利用することによって総合エネルギー効率を80％前後までに高めることができる。近年，天然ガス・コージェネレーションの普及が進んでいる。これは環境経営を実現する革新的な技術として注目されているからである。2010（平成22）年度の導入目標は498万kWとなっている。　　　　〔桜井武典〕

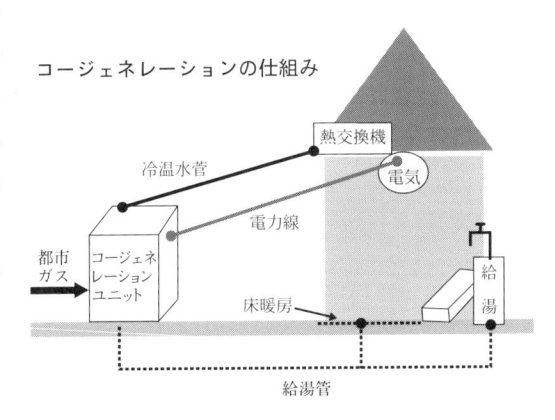

コージェネレーションの仕組み

□ コミュニティーバス （こみゅにてぃーばす）

コミュニティーバスは，道路運送法等による明確な定義はない。在来のバス輸送システムが運行しない地域，あるいは道路幅員などの理由で運行できない需要の少ない地域を対象に，自治体，NPOや商工団体などが中心に導入され，地域住民の足となる乗合型の公共交通である。コミュニティーバスは，主に自治体が主体になり，路線の計画や事業の運営を行うことになる。必要になってきた背景には，2つの要因がある。1つは地域内の在来のバスや鉄道までの距離が長く，公共交通が利用しにくい地域での移動ニーズがあり，モビリティを確保する必要がある。もう1つは在来のバスが採算性から撤退してしまい，なんらかの交通手段を確保する必要からである。名称の語源は，英国のボランティア団体が高齢者や障害者の会員に対して輸送を行うコミュニティー・トランスポートにある。これは日本では，現在，STサービス（福祉移送サービス）で分類される。誰でも乗れるコミュニティバスと福祉目的のコミュニティ・トランスポートとは，別の種類の乗り物である。

〔秋山義継〕

□ **コンテンツ** （こんてんつ） Contents

　文字・画像・動画・音声・ゲームなどの情報全般，またはその情報内容のことである。電子媒体やネットワークを通じてやり取りされる情報をさして使われる場合が多い（総務省編『平成20年度版　情報通信白書』ぎょうせい，2008年）。元来は，内容や目次のことを意味した言葉である。そこから転じ，ウェブ上のサイトが提供する内容，情報全般，またはその情報内容のことをさすようになった（中邨章監修『行政カタカナ用語辞典』イマジン，2008年）。

　わが国のコンテンツ市場は，近年着実に拡大している。2006年の市場規模は，11兆4494億円（対前年比1.4％増）と推計される。また，コンテンツの種類を映像系，音声系，テキスト系に分けて市場規模の内訳を見ると，2006年においては，映像系ソフトが5兆4195億円，音声系ソフトは1兆354億円，テキスト系ソフトは4兆9945億円となっている（総務省編『平成20年度版　情報通信白書』ぎょうせい，2008年）。

〔坂野喜隆〕

□ **コンピュータ・セキュリティ** （こんぴゅーた・せきゅりてぃ） Computer Security

　企業の機密情報の保護の問題やシステム障害を防止し，コンピュータの円滑な運用に心がけ，コンピュータの安全運用と安全確保をすることである。そのためにはコンピュータ室への出入りのチェック，データの不正使用の防止，データの改ざん，コンピュータソフトの維持やコンピュータ機器の管理，コンピュータの不正アクセスのチェック，コンピュータウィルスのチェックなどが考えられる。こうした予測可能な項目に対処しうるようにコンピュータ・セキュリティシステムの構築が不可欠である。これまでも防御用のツールやシステムやシステムに対する攻撃方法や手段も講じられてきている。コンピュータ・セキュリティとして暗号化方式や認証方式も活用されているが，コンピュータを活用したときの利便性だけでなく日ごろから安全性も重視していくことが重要である。情報の共有化，情報の一元化により，企業の重要な機密情報を見ることも，改ざんすることも可能となる。顧客の情報を転職する際にもち出すという企業犯罪も多発してきており，情報の流出は企業の存亡の危機となる。

〔飯野邦彦〕

□ コンピュータウィルス対策基準　(こんぴゅーたうぃるすたいさくきじゅん)

　コンピュータウェイルス対策基準は，1995（平成7）年7月に通商産業省告示第429号で制定された。コンピュータウィルスの定義として，第三者のプログラムやデータベースに対して意図的になんらかの被害を及ぼすようにつくられたプログラムとある（➡**ウィルス**）。コンピュータウィルスに対しての予防発見，駆除，復旧などについて実効性のある高い対策をとりまとめたものであり，システムユーザー基準（18項目），システム管理者基準（31項目），ソフトウェア供給者基準（21項目），ネットワーク事業者基準（15項目），システムサービス事業者基準（19項目）があげられている。ウィルス対策ソフト（Anti-virus Software）も販売されているが，国内におけるウィルス対策サイトにはマカフィー，トレンドマイクロなどがある。これらの基準には，管理と事後対応，教育，啓蒙，監査についての項目がある。1997（平成9）年9月に基準改訂（第535号）された。

〔飯野邦彦〕

□ コンピュータ不正アクセス対策基準　(こんぴゅーたふせいあくせすたいさくきじゅん)

　コンピュータ不正アクセス対策基準は，1996（平成8）年8月に制定（通商産業省告示第362号）され，1997（平成9）年9月に改定，2000（平成12）年12月に最終決定（第950号）されている。作成項目について以下のような点が考えられる。①不正アクセスの発見システム作成プログラムの開発責任者と担当者間の秘密厳守，②コンピュータの不正アクセス対策プログラムはすでに販売されているが，自社に適応したプログラムの開発が常に行われていなければならない，③不正アクセスをした者を発見した場合の罰則規定と実施方法が担当間で熟知されていなければならない，④不正アクセスは違法行為となり，自社に損害をもたらす，⑤こうした行為により自社の危機管理能力が問われ，社会的責任も問われることになる，⑥教育訓練と法的遵守の徹底した社会の構築がネット社会で生活する人たちの共通認識である。この基準には，システムユーザー基準，システム管理基準，ネットワークサービス事業者基準，ハードウェア・ソフトウェア供給者基準がある（➡**不正アクセス**）。

〔飯野邦彦〕

□ **コンプライアンス・プログラムと刑罰** （こんぷらいあんす・ぷろぐらむとけいばつ）

　コンプライアンス・プログラムとは，企業倫理を確立し，企業自身による，あるいは企業内での違法行為を予防し，発見するための，企業による自主的な対策の総体のことをいう（行動規範のマニュアルが中核に据えられるため，コンプライアンス・マニュアルと同義とする定義も存在する）。これは，アメリカにおいて，相次ぐ企業不祥事とそれに対する社会の批判を受けて，1960年代から発展したものである。わが国においても，1990年代に本格的な導入の動きが大企業を中心に始まった。この動きも，相次ぐ企業不祥事を受けてのものである。行動規範の策定にあたっては，アメリカの「連邦量刑ガイドライン」，経団連の「企業行動憲章」，金融庁の「金融検査マニュアル」などが参照される。

　わが国においては，コンプライアンス・プログラムは，刑法と直接結びついていない。これに対して，アメリカにおいては，その策定・実施が罰金額に影響することが「連邦量刑ガイドライン」に定められている。わが国においても，量刑判断において考慮されるべきとの意見が存在する（➡**企業倫理**）。〔宿谷晃弘〕

□ **サービス料** （さーびすりょう） Service Charge

　欧米でのチップ制度に代わるものとして日本のホテル・レストランなどで宿泊，飲食料金に付加される料金。一般的に宿泊，飲食等各種施設利用代金の合計金額の10～15％を請求する。利用施設におけるサービスに対する料金であるが，ホテル収入の一部として処理される。海外では基本的にチップ制を取っているため，サービス料を請求する場合はほとんどない。しかし最近ではスイスをはじめ欧米でもサービス料を取るホテルが徐々に現れてきた。海外では利用金額の15％前後が中心だが，こちらは当該部門の従業員に還元される場合が多く，事実上のチップ（tip）として機能している。また「サービス料込み」としてパーセンテージを表示しない場合もある。チップはそのサービスに対する感謝の気持ちを表す心づけとして支払うものであり，チップがよいサービスを育て，プロ意識を高める。サービス料を歴史からみると個人主義の欧米と，各職場におけるアンバランスな給与の是正から全従業員によるおもてなしサービスの提供をめざした日本とのちがいが出ている。〔白土　健〕

□ **サイバネテックス** （さいばねてっくす） Cybernetics

　サイバネテックスとは，第二次世界大戦後，アメリカの数学者ノーバートウイナー（1894-1964）が提唱した。情報の感知，伝達，処理，記憶の過程は，生物も機械も似ているとして，機械系と生物系における制御と通信を統一的に認識し，研究する理論体系である。鉄道におけるサイバネテックスは通信手段により情報を集めて分析・処理を行い，その判断を基に鉄道システムの方向を見きわめ効率的なシステムを構成して鉄道運営に役立てている。

　ATC，CTC列車制御，運転制御，座席予約システム，自動改札システムなどのコンピュータ応用からパワーエレクトロニクス，マイクロコンピュータ，情報通信技術の発展に伴って鉄道車両の駆動制御，運転計画，旅客情報，地上設備などに広がり，鉄道システムの近代化の一役を担っている。鉄道おいては，サイバネテックス思想に立脚し情報制御・処理技術を駆使して鉄道輸送の安全と効率化，そして利用客の利便性向上を図り人にやさしい公共交通機関としての社会的役割に応える活動を進めている。

〔川津 賢〕

□ **CSR** （しーえすあーる）

　CSRは，英語のCorporate Social Responsibilityの略称であり，一般的に「企業の社会的責任」と呼ばれている。定義は，国際的に流動的で多様であるが「企業が社会の一員として，社会の持続可能な発展に対して果たすべき役割と責任」を意味する。

　CSRの本質は，①地球と社会の持続可能性を図ること，②ステークホルダーとの対話を重視すること，③経済・環境・社会的側面（トリプル・ボトムライン）におけるバランスある企業行動をとること，④法令等遵守や国際的規範の遵守などであり，今や世界的潮流となっている。企業としては，CSRの実践にあたっては，良質な商品・サービスの提供といった単なる経済活動にとどまらず，地球環境保全への配慮，人権の尊重，労働環境の整備，社会貢献活動など，多種多様な項目に取り組むことが求められている。CSRは企業経営そのものであり，本業に根ざした新たな価値創造に向けた自主的な取り組みである。

〔田中宏司〕

□　シーズン別特急料金　（しーずんべつとっきゅうりょうきん）

　旅客鉄道（JR）で運行する特急列車で普通車を利用する場合，原則として乗車日によって特急料金が異なる。

　まず，1982（昭和57）年4月20日から，閑散期における割引制度が設定された。さらに，1984（昭和59）年4月20日から繁忙期割り増しが開始された。繁忙期開始当初は，8月1日から20日と12月25日から1月10日までであったが，1985（昭和60）年に設定日が改正され，現在のJR本州3社・JR四国・JR各社にまたがる場合の特急列車に適用される日となった。

　民営化後もこの制度は踏襲されたが，JR九州相互間では，1996（平成8）年11月1日から繁忙期を廃止して通常期とするとともに，閑散期の曜日適用が廃止された。また，JR北海道相互間では，2001（平成13）年10月1日から，繁忙期・閑散期とも，北海道の旅行シーズンに合わせた独自の設定日へ変更されている。

〔佐藤勝治〕

□　シートベルト　（しーとべると）

　乗り物（自動車・飛行機・ロケットなど）における体を座席に固定し，衝撃などで座席外へ投げ出されることを防ぐためのベルトの形をとる安全装置。

　シートベルトが自動車に取り付けられた最初は1922年。一般の自動車には1955年フォード社がオプション形式で開始した二点式シートベルトであった。日本では腰部で体を固定する二点式シートベルトが主流であったが，その後，胸も固定する三点式シートベルトが一般化する。1975年4月1日以降，生産車の運転席・助手席には三点式シートベルトが設置されることとなった。

　シートベルト着用は，道路交通法で定められ，1971（昭和46）年6月2日施行の改正道交法により，運転席・助手席の着用を努力義務とした。その後，国民からの陳情の多さから，1985（昭和60）年9月1日の改正により，自動車高速道・自動車専用道において前席での着用が罰則つきで義務化。その後，2000（平成12）年4月に6歳未満の幼児にチャイルドシート使用，2008（平成20）年6月に後部座席シートベルト着用が義務化された。

〔山口隆正〕

□　シームレス化　（しーむれすか）

　鉄道相互間やほかの交通機関と鉄道間の接続や乗り継ぎの手間や時間を減らし，交通機関の「継ぎ目」をハードとソフトの両面にわたって解消し，出発地から目的地までの移動を全体として円滑なものにすること。路線の整備，改良などに際しては，できる限り鉄道相互の直通運転化や同一ホーム・同一方向乗換化，乗り継ぎ経路の短縮などを進めるものとする。また，鉄道とバス，マイカーとの乗り継ぎ円滑化を図るため，鉄道整備と都市整備等との連携により，駅と駅前広場が一体となって交通結節機能強化を図る。

　ソフト面では，割高となる鉄道相互の乗り継ぎ併算運賃の改善，ほかの鉄道事業者との共通利用が可能なカード乗車券の導入，鉄道のフィーダー輸送としてのバス等と鉄道の円滑な乗り継ぎを確保するため，鉄道・バス共通カード乗車券の拡充，乗り継ぎ案内や情報の充実をする。しかし，経営が違う会社間や異種の交通機関の間では，ネットワークが形成されていても複数にまたがると連絡不備などがあり，全体としてうまく機能しているとはいえない。〔川津　賢〕

□　JRグループ　（じぇいあーるぐるーぷ）

　JRは，日本国有鉄道（国鉄）が，1987年4月に分割民営化されて，新設されて鉄道会社6社と貨物会社1社の7社の総称であり，各社の呼称や略称としても使用されている。7社を集合体として扱う場合は，「JRグループ」と呼ばれる。内訳は，鉄道会社がJR北海道（北海道旅客鉄道），JR東日本（東日本旅客鉄道），JR東海（東海旅客鉄道），JR西日本（西日本旅客鉄道），JR四国（四国旅客鉄道），JR九州（九州旅客鉄道）の6社，貨物会社がJR貨物（日本貨物鉄道）1社である。JRは「国鉄が運営し分割民営化した業務を引き継いだ会社」として，従来からの私鉄や地下鉄と区別し用語として定着している。

　国鉄時代には，新幹線の建設費，ローカル線の建設費などから長期債務が巨額に膨れ上がり，自力での返済は不可能な状況に追い込まれた。このため，債務解消と労働組合の解体など，経営改革をめざして国鉄の分割民営化が実施された。この分割民営化は，中曽根康弘内閣が実施した政治改革であり，その後の日本道路公団，日本郵政公社の民営化のさきがけとなった。〔田中宏司〕

◻ JR在来線特急料金 （じぇいあーるざいらいせんとっきゅうりょうきん）

　旅客鉄道（JR）の在来線特急料金は，各社の状況により変遷が重ねられてきた。現在では，原則として対キロ制となっており，A特急料金とより廉価なB特急料金とに大別される。

　A特急料金は，JR各社を連続して乗車する場合や，B特急料金設定区間および細目で定められている特定特急料金等の区間以外で適用される料金である。原則として，JR東海・JR四国は全域A特急料金である。なお，成田エクスプレス号・スーパービュー踊り子号は，JR東日本のB特急料金区間を走行するが，例外的に全区間，A特急料金が適用される。なお，JR北海道相互間のA特急料金は，JR基本のA特急料金表ではなく，独自の料金が設定されている。B特急料金は，区間があらかじめ設定されている。ただし，設定各社で独自の料金表を設定しているため，料金適用には十分な注意を要する。また，B特急料金設定区間を超える区間を乗車する場合には，全区間A特急料金が適用される。

〔佐藤勝治〕

◻ 時　効 （じこう）　Prescription

　時効とは，長期間にわたり，一定の事実状態が継続した場合に，それが真実の権利関係に合致しているか否かを問わずに，権利の発生・消滅を認める制度をいう。時効が認められる理由は，①長期間継続した事実関係を，そのまま権利関係と認めることにより，社会の法律関係の安定をはかること，②長期間の経過により，真実の権利関係の立証が困難になること，③権利の上に眠るものを保護する必要がないこと，などがあげられる。権利取得の効果を認めるのが取得時効であり，権利消滅の効果を認めるのが消滅時効である。一般に不法行為に基づく損害賠償請求権は，被害者またはその法定代理人が損害および加害者を知った時から3年間行使せず，または不法行為のときから20年で時効消滅することとなる（民法724条）。これは自動車事故にも適用されるが（自動車損害賠償保障法4条），保険金を請求する場合は，保険制度が大量・迅速な処理を必要とすることから，原則として2年の短期時効が定められている（自賠法23条，商法663条）。

〔松岡弘樹〕

□ **時刻表** （じこくひょう）

　鉄道や航空，バスなど運送を商品としている場合のカタログ的存在である。旅客鉄道（JR）の時刻表は，国鉄時代，交通公社（現JTB）の時刻表が「国鉄監修」を冠して実績を誇っていた。しかし，JR発足後は，JRの「みどりの窓口」で使用されている大型の『JR時刻表』（交通新聞社刊）がJR-GROUPを冠して販売されている。

　JR発足前後の1987（昭和62）年3月号は，『JNR編集時刻表』として最後の国鉄編集の時刻表が弘済出版社刊で発行された。国鉄内部用には，背表紙に「日本国有鉄道」の文字が表記されていた。5月号からは「JRグループ編集第1号」として発刊がスタートしたのである（2001年12月に弘済出版社と交通新聞社が合併，（新）交通新聞社となり現在にいたる）。

　いっぽう，交通公社刊は，国鉄監修がなくなり『交通公社の時刻表』として，新たなスタートを切ったのである（現在，『JTB時刻表』（JTBパブリッシング発行）。

〔佐藤勝治〕

□ **事故通知義務** （じこつうちぎむ）

　自動車保険の契約者もしくは被保険者が事故発生を知ったときは「事故の日時・場所・事故の概要」を直ちに保険会社に通知しなければならない義務を負う（自家用自動車総合保険（SAP）約款第6章14条2号他）。保険契約者もしくは被保険者にこのような義務を課す理由は，事故の通知が遅れると事故原因の調査等が困難になり，その結果，保険会社からの保険金の支払いに支障が生じるためとされる。したがって，この義務を怠った場合は，過失なくして事故の発生を知らなかった場合や，特別の事情により通知ができなかった場合等を除き，保険会社は保険金の支払いを免れることとなる（SAP約款第6章15条1号他）。また，対人事故の場合には，被害者の傷害が治癒し損害総額が明らかになるまでに相当の期間を必要とすること，小損害事故などは自賠責保険の範囲内で解決できると一般に理解されるなどの理由から，保険会社への通知が遅延しがちである。そのため，対人賠償責任保険においては，事故通知の期間を事故発生の日から60日と定めている（SAP約款第6章16条他）。

〔松岡弘樹〕

□ **事故報告義務**　(じこほうこくぎむ)

　人の死傷または物の損壊を伴う交通事故を起こした自動車の運転者等は，直ちに運転を中止して，救護義務・危険防止の措置を講ずるとともに，最寄の警察署・派出所・駐在所などの警察官に対し，事故を報告する義務を負う。具体的には，①事故が発生した日時，場所，②死傷者の数と負傷者の負傷の程度，③損壊した物と損壊の程度，④車両の積載物および事故について講じた措置，を報告することが定められている（道路交通法72条1項）。報告は事故を起こした運転者が行うのが原則であるが，他人に依頼したり，電話による報告も認められる（札幌高判昭和37.7.2）。自動車相互間での交通事故が発生した場合，両運転者に事故報告義務が生じ一方の運転者が報告を行っても他方の運転者の報告義務は消滅しないとされる（最判昭和45.4.10）。報告を受けた警察官が，負傷者を救護し，または道路における危険を防止するために必要であると判断した場合には，報告をした運転者は，警察官が到着するまで現場から立ち去ることはできないとされる（道交法72条2項）。

〔松岡弘樹〕

□ **示　談**　(じだん)　Private Settlement

　示談とは，当事者間の自主的紛争解決方法の手段であり，民事上の紛争を裁判によらずに当事者間の話し合いで解決することをいう。示談は，当事者が主張する要求を互いに譲歩して争いをやめることから民法上の「和解」にあたるとされる（民法695条）。示談の対象は民事上の紛争に限られ，刑事責任や行政上の責任について示談をすることはできない。示談が成立したとしても，①示談の内容が公序良俗違反（民法90条）であった場合，②示談の当事者が示談の内容が真意でないことを知りながら意思表示を行った場合（心理留保）（民法93条但書），③相手方と通謀して虚偽の示談を行った場合（通謀虚偽表示）（民法第94条1項），④示談の前提の事項に要素の錯誤があった場合（民法95条），⑤示談の成立過程において，詐欺または強迫行為があった場合（民法96条1項），は示談は無効とされる。一般的に，交通事故などの示談においては，請求権放棄条項がいれられるが，示談のあとに後遺症が生じた場合の判例では，示談の効力は後遺症までは及ばないとしている（最高判昭和43.3.15）。

〔松岡弘樹〕

□ **シックカー** （しっくかー） Sick Car

　内装材や接着剤から出る VOC（Volatile Organic Compounds）ホルムアルデヒドやトルエンなど，常温で揮発しやすく鼻や喉に刺激に体調不良を生じさせる揮発性有機化合物）の影響を受けた乗用車のこと。住宅問題であるシックハウス症候群は数々の媒体で取り上げられているが，車の問題であるシックカー症候群についてはあまり認知されていない。シックカー症候群の症状とは簡単にいえば，自動車内で起こるシックハウス症候群みたいなものだと考えられる。頭が重い・くしゃみがとまらない・めまい・微熱などの症状が頻繁に起こりだしたらシックカー症候群を疑ってみることである。納車されたばかりの新車に乗り込んで楽しいマイカーライフをすごすはずが，子どもの気分が悪くなったり，体中がかゆくなったりなどの体調に異変を感じることとなってしまう。シックハウス症候群の影響を受け，社団法人日本自動車工業会では，科学物質について厚生労働省の定めた指針に沿って自主規制を行い，2007年以降に発売される新車から揮発性有機化合物使用の低減を行うと2005年2月発表した。　　〔桑原賢二〕

□ **自動車検問** （じどうしゃけんもん）

　警察官が，犯罪の予防や捜査などのために，走行中の自動車を停止させ，質問を行うこと。自動車検問の形態には，次の3種類があるとされる。つまり，①交通違反の予防・検挙を目的とする交通検問，②不特定の一般犯罪の予防・検挙を目的とする警戒検問，③特定の犯罪の発生後，犯人検挙・情報収集を目的として行われる緊急配備検問である。このうち，緊急配備検問は，犯罪発生後のものであるゆえ，任意捜査の一環として行われるものであるとされる。自動車検問が，問題とされるのは，外見上，不審な点が認められない車を停止させ，質問するためである。不審な点が認められる場合として，現行犯逮捕の要件を満たしているような場合は逮捕のために停止させることができるし，たとえば蛇行運転しているなどといった場合には警察官職務執行法2条1項により警察官は停止を求めることができる。これに対して，外見上，不審な点が認められない場合には，その法的根拠が問題となるのである。この問題について，最高裁は，警察法2条1項を根拠条文としてあげている。　〔宿谷晃弘〕

□ **自動車損害賠償保障法** （じどうしゃそんがいばいしょうほしょうほう）

交通事故の被害者の救済は，従来は民法第709条の一般不法行為の規定や民法第715条の使用者責任の規定によって図られてきた。これらの民法上の規定は，原則として，被害者側で加害者の故意・過失を証明しなければならないものとされている。しかし，交通事故の件数の激増に伴い，「過失責任主義」に基づく民法の一般原則によると過失の立証が困難であり，被害者に十分な救済を与えることが困難になることから，1955（昭和30）年に制定されたのが自動車損害賠償保障法である。この自賠法は，自動車の運行によって人の生命や身体が害された場合における損害賠償を保証する制度を確立することにより，被害者の保護を図り，あわせて自動車運送の健全な発達に資することを目的としている（自賠法1条）。そのため，自動車の運行供用者に対して，人身事故について，一定の免責要件を立証しないかぎり損害賠償責任を負うものとして，実質的な無過失責任を課するとともに（自賠法3条），自動車損害賠償責任保険への加入を強要することにより，被害者の救済を図っている（自賠法5条）。〔松岡弘樹〕

□ **自動車保険** （じどうしゃほけん）

自動車保険には，人身事故による損害のてん補を目的としている自動車損害賠償責任保険（自賠責保険）と，人身事故のみでなく，対物事故などによる損害のてん補をも目的としている任意保険がある。自賠責保険は自動車損害賠償保障法（自賠法）により加入が義務づけられており，自賠責保険の契約が締結されていない自動車は運行の用に供してはならないと定めている（自賠法5条）。自賠法は自動車の運行供用者に事実上無過失責任に近い重い責任を負わせているが，運行供用者に損害賠償責任を負わせても，損害賠償能力がなければ被害者に現実の賠償を得させることはできない。そのため，自賠法は，運行供用者の賠償資力を確保するために，自賠責保険の制度を採用したのである。任意保険には，自動車1台ごとに締結するものとして，対人賠償保険・対物賠償保険・自損事故保険・無保険車傷害保険・搭乗者傷害保険・車両保険・人身傷害補償保険の他，自動車を保有していない運転者について締結する自動車運転者損害賠償責任保険などがあり，加入は任意とされている。〔松岡弘樹〕

□ **自動車リサイクル法** （じどうしゃりさいくるほう）

　正式名称は「使用済自動車の再資源化等に関する法律」（2002年制定，2005年1月完全施行）。使用済みの自動車の部品のうちエアコンに使われるフロンガス・シュレッダーダスト（破砕くず）・エアバッグの3種類を回収してリサイクルしたり適正に処分することを以下のように義務づけている。①クルマの所有者：リサイクル料金の支払い（新車の購入時。法律施行前に購入した場合は，施行後初めての車検までに支払う）と，登録された引取業者への廃車の引渡し，②引取業者：所有者から廃車を引き取り，フロン類回収業者・解体業者に引き渡す，③フロン類回収業者：フロン類を適正に回収し，自動車メーカー・輸入業者に引き渡す，④解体業者：廃車を適正に解体し，エアバッグ類を回収し，自動車メーカー・輸入業者に引き渡す，⑤破砕業者：解体自動車の破砕を適正に行い，シュレッダーダストを自動車メーカー・輸入業者へ引き渡す，⑥自動車メーカー・輸入業者：自ら製造または輸入した車から発生するシュレッダーダスト・エアバッグ類・フロン類を引き取り，リサイクル等を行う。〔中村陽一〕

□ **自動列車運転装置** （じどうれっしゃうんてんそうち）

ATO: Automatic Train Operation

　列車運転については，安全の確保，正確な運転を目的にしてさまざまな装置がある。まず，自動列車運転装置（ATO: Automatic Train Operation）は，列車の起動，加速，速度制御，定位置停止など運転操作を自動化したシステムである。次に，自動列車制御装置（ATC: Automatic Train Control）は，列車の走行速度が信号の示す制限速度以下であるかどうかをチェックし，速度が超過の場合は，自動的にブレーキを作動させて，制限速度以下にコントロールする装置である。さらに，自動列車停止装置（Automatic Train Stop，ATS-P）は，従来のATS-Sの欠点が改善され，保安情報伝送装置によるデジタル情報を用いて地上から車上へ，信号機の現示，次の信号機までの距離情報を伝送し，それらの情報に基づいて車上で速度照査パターンを発生させる。列車の速度とこのパターンをコンピュータで比較照合して，速度がパターンより上回っている場合はブレーキをかけるシステムである。

〔田中宏司〕

□　**就業規則**　（しゅうぎょうきそく）　Working Rules

　職場の規律や労働条件を定めた規則。常時10人以上の労働者（パート等含む）を使用する使用者は作成する義務がある（労働基準法第89条）。作成の際には，労働組合または労働者を代表する者の意見を聴取し，労働基準監督署に届け出なければならない（労働基準法第90条）。就業規則には，必ず記載しなければならない絶対的必要記載事項と規定がなければ記載する必要のない相対的必要記載事項とがある。前者には，始業・終業の時刻，休憩時間，休日，休暇，就業時転換に関する事項，賃金の決定，計算及び支払いの方法，賃金の締切り及び支払いの時期，昇給に関する事項，退職に関する事項があり，後者には，退職手当，臨時の賃金と最低賃金，労働者の食費等の負担，安全衛生，職業訓練，災害補償，表彰及び制裁等がある。就業規則の効力については，法令や労働協約に違反しないこと（労働基準法第92条），就業規則で定める基準に達しない労働条件を定める労働契約は，その部分が無効となり，就業規則で定める基準が適用されること（労働契約法第12条），が規定されている。　〔長谷川一博〕

□　**終身雇用制**　（しゅうしんこようせい）　Lifelong Employment System

　企業が「期間の定めのない労働契約」により新規学卒者を採用し，能力開発・教育訓練を重視しキャリア形成を支援しながら，仕事の量・質の変化に対しては再配置と内部昇進を基本に柔軟な対応をはかり，定年まで当該企業あるいは企業グループ内に定着させる雇用慣行。企業と従業員間の暗黙の了解とそれを維持したいという期待のうえに成立している。すでに明治末頃から，財閥系大企業や官営工場を中心に，定期昇給制度や退職金制度が導入され，熟練工の定着や技能形成が促されてはいたが，一般化したのは，1950年代の人員整理をめぐる労働争議の経験，判例における「解雇権濫用の法理」の確立，さらには，高度成長期の労働力需要の持続的拡大によるところが大きいとされる。J. C. アベグレンが『日本の経営』で紹介し，その後，年功賃金，企業別組合とともに日本的労使関係の「三種の神器」と評価された。だが，バブル崩壊後，企業は高賃金コストの基幹労働者層のスリム化と調整が容易な非正規労働者への入れ替えを進めるなど，終身雇用制の基盤は変容しはじめている。　〔長谷川一博〕

☐ 周遊きっぷ （しゅうゆうきっぷ）

　周遊きっぷは，「ゾーン券」と呼ばれる観光周遊エリアカバー券と，ゆき券・かえり券がセットになったものである。以前は，均一周遊乗車券（のちのワイド・ミニ周遊券）があった。これは，出発駅があらかじめ指定されており，周遊指定地と呼ばれる地域までの往復乗車分があらかじめ定価設定されていたものである。その周遊券を利用しやすいよう改定したものが周遊きっぷである。1998（平成10）年4月から発売されている。

　条件としては，「ゆき券」出発駅からゾーン券入口駅までのJR線の営業キロ数が片道201km以上であること，また「かえり券」で出発駅へ戻ることである。ゆき券・かえり券の割引率は，原則2割引（学生割引の場合には3割引）である。また，ゾーン券の価格はあらかじめ設定されている。（学生割引は設定されていない）。さらに，片道に限り航空機を利用できるゾーンも設定されている。ただし，東海道新幹線を利用する場合，営業キロ数が201km以上600キロまでの場合には5％引（学生割引2割引）となる。

〔佐藤勝治〕

☐ 宿泊約款 （しゅくはくやっかん）

　宿泊施設であるホテル・旅館が，宿泊者との間で宿泊契約（予約・宿泊＝チェックアウトの時間・施設利用，違約金，客室内での禁止事項など）に関する決め事を，あらかじめ条文として定めたもの。このことにより，宿泊施設と不特定多数の宿泊者の間で，個別に契約について折衝する必要がなくなり，業務の省力化につながっている。また，施設と利用客のトラブルを未然に防ぐ目的もある。

　契約内容は，ホテルサイドで定めるのが一般的であるが，宿泊者の権利を保護する意味から，行政機関の認可を必要とする。また，国際観光整備法による政府登録ホテル・政府登録旅館を対象として監督官庁である国土交通省が「モデル宿泊約款」（宿泊予約・予約解除・営業時間等）を作成している。なお，約款に定めのない事項については，法令または一般に確立された慣習が規定となる。宿泊施設の各客室にはこの宿泊約款とそれに付随する利用規則が机の上か引き出しに設置され，宿泊者がいつでも確認できるようになっている。

〔白土　健〕

□ 上下分離方式 （じょうげぶんりほうしき）

　上下分離方式は，鉄道・道路・空路など経営において，下部（インフラ）の管理部と上部（運行・運営）の組織を分離し，下部と上部の会計を独立させる方式である。下部と上部が同一の組織でも，会計上で分離しているものは通称上下分離方式と呼ばれている。この方式を導入することにより，運行・運営会社は固定資産税など諸税を支払う必要がなく，効率のよい経営が行える。

　スウェーデン，スイス，フランスで採用している下部と上部の会計分離だけのものと，ドイツ，イギリスの上下分離と共にオープンアクセスを導入して複数の上部組織が存在するものと2種類の仕組みが見られる。イギリスでは，線路の保有管理会社と運行会社とで管理がばらばらとなり整備不良から事故，トラブルを招くこととなった。また，アメリカの旅客列車は公企業であるアムトラックが運行しているが，アセラ・エクスプレスは幹線を除けば線路の保有はしておらず貨物鉄道の線路を借りて運行している。貨物は民営企業であるが，下部が民営，上部が公営となっている。

〔川津　賢〕

□ 情報セキュリティ （じょうほうせきゅりてぃ）

　情報セキュリティには，コンピュータのソフトとハード両面に対する不測の事態を規定し対策することが必要され，企業全体のセキュリティ・マネジメントにより対応することが要求される。遠山暁は，セキュリティ対策とセキュリティ・マネジメントについて下記のように掲げている。

セキュリティ対策

種類	例示
物理的対策	○自然災害に対する建物，構造，設備，装置に対する対策 ○入退出監視装置，無停電装置
管理的対策	○運用管理規定，操作マニュアル，バックアップ体制などの整備 ○内部統制手続き・組織の整備
システム対策	○ID，パスワード，電子証人，暗号化など，バックアップ・システム ○ファイヤーウォール，セキュリティ・ソフトウェアの導入など
人的対策	○セキュリティ教育訓練 ○情報倫理教育 ○カウンセリング，医療衛生管理

出所：『経営情報論・新版』p.154, 2008年, 有斐閣アルマ

セキュリティ・マネジメントの一般手順

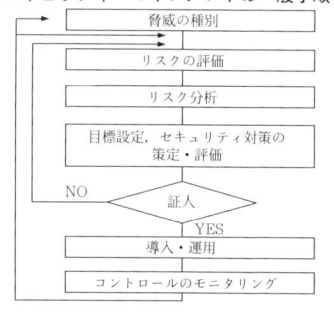

脅威の種別 → リスクの評価 → リスク分析 → 目標設定，セキュリティ対策の策定・評価 → 証人（NO／YES）→ 導入・運用 → コントロールのモニタリング

〔飯野邦彦〕

□　**情報通信**　（じょうほうつうしん）

　情報通信（Information Communication）の情報とは，音声や画像などの具体的なものから，思考や感情などの抽象的なものまで，伝えたいと思う事柄や内容のすべてをあらわす。専門的にはデータに付加価値がついたものが情報である。通信とは，単に情報を伝えるだけでなく，遠くに正確に送るための手段である。また，送信者と受信者で情報の伝達をすることである。伝達の仕方は，送信者からの情報をそのまま伝送路と呼ばれる情報のとおり道にのせ，直に受信者に伝達できればよい。近年は，光ファイバーがその伝送路にあたり，人の声や写真，音楽は伝送路に適した形態（信号）に変換し伝送路をとおす。したがって，たくさんの端末同間に伝送路を巡らし，情報の伝達を効率的・合理的に行う有機的に結合したものが情報通信である。このように21世紀は，情報通信が社会の基盤にあり，さまざまなサービスが展開される。　〔金山茂雄〕

□　**情報通信法**　（じょうほうつうしんほう）

　2007年6月に，総務省の通信と放送のあり方を検討する「通信・放送の総合的な法体系に関する研究会」が報告書をとりまとめた。電気通信事業法，放送法など9つの法律を一本化し，通信・放送を一体で規制する案を表明した。そして，2011年に情報通信法（仮称）としての施行をめざすと明記している。放送か通信か，無線か有線か，といった今の区分をやめて，①放送番組など情報の内容，②情報検索など基盤となるサービス，③光ファイバー網などの設備やそれを使った伝送サービス，の3つになる。縦割りの垣根をなくし，サービスの段階に応じた横断的な規制に改めるのが主眼である。これには，通信会社が光ファイバーでテレビ番組を配信し，放送局が電波の空き部分を使って視聴者と対話するなどの融合サービスをしたり，活性化させるねらいがある。「社会的影響力」の強さによってメディアを3段階に区分し，最も影響力の大きい「特別メディア」にだけ，放送法の規制を残すとしている。総務省は，特別メディアには今の地上テレビ放送しか想定していない。　〔秋山義継〕

□　**情報のバリアフリー**　（じょうほうのばりあふりー）

　交通における情報の提示は重要である。情報のバリアフリーとは，情報弱者のための情報保障を除去することをいう。「バリアフリー」という表現は，福祉分野で用いられる「さまざまな障害の除去」の概念を情報保障の観点に適応させたものである。情報のバリアフリーを必要としている人とは，外国人のほかにも高齢者，日本在住の外国人，未就学児なども含めて広義の情報弱者も該当する。その情報には，あらゆる表示媒体とそこで使用される言語および記号などがある。鉄道においては位置情報を示す点字シールや点字ブロックなど，鉄道の運行情報にはアナウンスや一般的な時刻表や案内掲示板，電子掲示板などが挙げられる。しかし，これらは完全な表現・情報アクセスの平等といった面から考えると十分な設備ではない。さまざまな人が情報を平等に受信・発信するためにも，今後は積極的に情報弱者の視点に立って広く情報障害の除去や軽減に必要な情報を入手し，情報の送り手，受け手双方の欲求や意見を提示できる環境づくりが望ましい（➡外国人への多言語支援，点字）。

〔秋山智美〕

□　**初心者運転標識等（わかばマーク・もみじマーク）**　（しょしんしゃうんてんひょうしきひょうとう）

　道路交通法に定められている標識には，次の4つがある。つまり，①初心運転者標識，②高齢運転者標識，③聴覚障害者標識，④身体障害者標識である。このうち，①，②（75歳以上）および③は，表示が義務づけられ，これに対して，②（70歳以上75歳未満）および④は，努力義務とされている。
初心運転者標識（通称，わかばマーク）は，普通自動車第1種運転免許を取得してから通算1年に達しない者が運転の際に表示することが義務づけられている。違反者は，初心運転者標識表示義務違反に問われる。また，初心運転者が運転する表示自動車に幅寄せや割り込みをした者は，初心運転者等保護義務違反に問われる（ほかの標識の場合も同様）。
　高齢運転者標識は，75歳以上は表示が義務づけられ，70歳以上75歳未満は「加齢に伴って生ずる身体の機能の低下が自動車の運転に影響を及ぼすおそれがあるときは」表示するよう努めなければならないとされる。前者の場合，違反者は，高齢運転者標識表示義務違反に問われる。

〔宿谷晃弘〕

□ 新幹線 （しんかんせん）

　旧国鉄が 1964（昭和 39）年 10 月 1 日に営業を開始した東海道新幹線に端を発し，現在の JR グループの高速鉄道路線をさす。全国新幹線鉄道整備法第 2 条では新幹線を「主たる区間を 200km 毎時以上の速度で走行できる幹線鉄道」と定義している。

〔山口隆正〕

営業中の路線（フル規格：◎，ミニ新幹線：○）	
東海道新幹線（東京駅～新大阪駅）◎	山陽新幹線（新大阪駅～博多駅）◎
東北新幹線（東京駅～八戸駅）◎	上越新幹線（大宮駅～新潟駅）◎
北陸・長野新幹線（高崎駅～長野駅）◎	秋田新幹線（盛岡駅～秋田駅）○
九州新幹線（新八代駅～鹿児島中央駅）◎	山形新幹線（鹿児島駅～新庄駅）○
列車の愛称	
東海道・山陽新幹線：「のぞみ」（最速），「ひかり」，「こだま」	
東北新幹線：「はやて」「やまびこ」「なすの」	
上越新幹線：「とき」「たにがわ」	九州新幹線：「つばめ」
北陸（長野）新幹線：「あさま」	秋田新幹線：「こまち」
山形新幹線：「つばさ」	

□ 寝台特急 （しんだいとっきゅう）

　ほとんどの車両を寝台車で占める夜行列車をさす。日本では，1900（明治 33）年に山陽鉄道が日本初の寝台車を運行して以来,「寝台専用列車」は登場していない。

　それ以前，戦時中に 1941（昭和 16）年に一時，廃止された 3 等寝台車が 1956（昭和 31）年に復活。最盛期を迎えた 1960 年代から，次に 1975 年以降の運賃の値上げ，1980 年代以降の整備新幹線導入，高速道路の完備，航空路線の充実などにより，寝台列車数を利用する利用客が減少する。

〔山口隆正〕

日本以外の寝台専用列車	
アメリカ	ニューヨーク～シカゴ間「20 世紀特急」「ブロードウエイ特急」
	ワシントン～シカゴ間「キャピタル特急」
	ニューヨーク～ニューオリンズ間「クレセント」
	シカゴ～ロサンゼルス間「カリフォルニア特急」「スーパー・チーフ」
ヨーロッパ	「オリエント急行」「トラン・ブルー」「ホテルトレイン」
インド	「ラージターニ急行」

□　**振動規制法**　（しんどうきせいほう）

　1976（昭和51）年6月10日法律第64号。工場・事業場振動，建設振動，道路交通振動を規制する法律である。ここで，道路交通振動とは，「自動車（道路運送車両法（昭和26年法律第185号）第2条第2項に規定する自動車及び同条第3項に規定する原動機付自転車をいう）が道路を通行することに伴い発生する振動をいう」（本法第2条第4項）。規制の対象等，本法の枠組みは，騒音規制法のそれとほぼ同一。本法でも，工場・事業場や建設作業に関連する振動については，改善命令違反等につき，罰則が設けられているのに対して，道路交通振動については罰則が設けられていない。もっとも，市町村長は，道路交通振動が一定の限度を超え，道路の周辺の生活環境が著しく損なわれていると認める場合，道路管理者に対して道路の改善等をするよう要請し，または都道府県公安委員会に対し道路交通法上の措置をとるよう要請することができるとされる。そして，道路管理者は，要請があった場合，道路交通振動の防止のため必要があると認めるときは道路の改善等の措置をとるものとされる。

〔宿谷晃弘〕

□　**信頼の原則**　（しんらいのげんそく）　Principle of the Trust

　信頼の原則とは，交通事故に関して発展してきた刑事過失責任を限定する原則をいう。すなわち，自動車の運転者は，被害者ないし第三者が適切な行動をとると信頼するのが相当であるとみなされる場合には，それらの者が予想に反する行動に出たことにより死傷などの結果が生じたとしても，過失責任を問われないとする原則である。この原則は，自動車などの高速度交通機関の社会的効用と人身の安全との調和のために「交通上の危険分配」を考慮したものであり，過失の有無を認定する際の基準となっている。ドイツにおいて提唱された理論であるが，わが国でも1960年代半ばから採用されるようになり，判例においても認められている（最判昭和42.10.13，最判昭和46.6.25）。信頼の原則が採用されるには，運転者が交通法規に違反し事故発生の原因となっている場合や被害者が交通法規に違反する行動に出ることが予測できる場合など，信頼を不可能にするような特別の事情が存在しないことが要件とされている。

〔松岡弘樹〕

□　**水質汚濁防止法**　（すいしつおだくぼうしほう）

　1970（昭和45）年12月25日法律第138号。国民の健康の保護・生活環境の保全のために公共用水域・地下水の水質の汚濁を防止することを目的として，工場・事業場から公共用水域に排出される水の排出・地下に浸透する水の浸透を規制し，また生活排水対策の実施を推進する法律。また，本法は，工場・事業場から排出される汚水・廃液により健康被害が生じた場合の被害者の保護をも目的としている。本法以前には，1958年に制定された，わが国初の公害規制法である「公共用水域の水質の保全に関する法律（水質保全法）」および「工場排水等の規制に関する法律（工場排水規制法）」（水質二法）があったが，効果が上がらず，本法が制定されて，これらの水質二法は廃止された。

　本法は，排水基準を全国一律のものとし，都道府県の事情に応じてより厳しい基準を条例で定めることができるとする。また，水質汚濁の状況を監視・測定する体制を整え，健康被害に関して事業者の無過失責任を定め，違反行為に対して直接，刑事罰を科すなどしている。　　　　　　　　　　　　〔宿谷晃弘〕

□　**水素エネルギー**　（すいそえねるぎー）　Hydrogen Energy

　水素は，無色，無臭の地球上で最も軽い気体であり，燃えやすく，その燃焼温度は3000℃である。ただし水素だけでは発火しない。酸素を1，水素を2の割合（体積比）で混合したときが最も激しく爆発的に燃焼するが，燃えても炎はほとんど見えない。燃えると水のみができ，有害なガスは一切発生せず，クリーンなエネルギーといえる。水素を燃焼させるなどして得られるエネルギーで，人類究極のエネルギーともいわれている。水素は，水を分解すればできるので無尽蔵である。燃やしても空中の酸素と化合して水となるだけなので公害の心配がない。しかも1gあたりガソリンの3倍もの熱を出す。将来，自動車やロケットの燃料に変わるものと期待され，石油の枯渇につれ石油文明時代にとってかわるとの見方もある（➡燃料電池車）。半導体に太陽光線を当ててつくる方法や核分裂や核融合の高温度で水を直接分解する方法などが考えられ，また水素貯蔵合金の開発利用なども含め，経済産業省（当時通産省）のサンシャイン計画でも新エネルギー技術開発の重要課題の1つとされる。　　〔桑原賢二〕

□ **スペシャル・トランスポート・サービス**　（すぺしゃる・とらんすぽーと・さーびす）

　既存の交通機関は障害者・高齢者には利用しにくい，あるいは，障害者・高齢者に限って利用できる乗り物のほうが，利用者にとっても介助などがいき届いているので便利なことが多い。このような交通手段のことをスペシャル・トランスポート・サービス（STサービス）と呼ぶ。欧米ではボランティア団体を中心としてスタートし，徐々に行政の事業として発展を遂げてきている。運行のタイプはDoor-to-Doorのサービス輸送を行うもの，施設送迎のサービスの2つが中心的なタイプである。しかし，国によってさまざまなタイプのSTサービスがある。

　高齢者・障害者のSTサービスは，ボランティア，民間交通事業者，行政，加えて福祉・保健などのさまざまな主体の参加により成立している。交通サービスの視点から分類すると，主要公共交通手段，ボランティア・セクターのコミュニティ・トランスポート，公共セクターのソーシャル・トランスポートの3つのレベルに分けられる。　　　　　　　　　　　　　　〔秋山義継〕

□ **世界情報社会サミット**　（せかいじょうほうしゃかいさみっと）

　　　　　　　　　　　　　　WSIS: World Summit on the Information Society

　情報社会についての共通ビジョンの確立と理解の促進を図るとともに，その実現に向けて協調的に発展を遂げるための宣言や戦略的な行動計画を策定することを目的として行われた国連サミットのことである。第1回は2003年12月にスイスのジュネーブで，第2回は2005年11月にチュニジアのチェニスで行われた。各国首脳が集まり，現在の情報社会がかかえる問題，ならびにその解決策について話し合われたが，なかでも，発展途上国におけるインターネットへのアクセス環境を広めることが重要視され，いわゆるデジタルデバイドの解消に多くの議論がなされた。第1回会議には175カ国から代表者が集まり，「万人がアクセス可能で，共有知識に基づく情報社会を達成するための指針」が示され，2015年までに世界人口の50％がオンライン環境を手に入れることを目標に定めた。第2回会議では，「チュニスコミットメント」と「情報社会に関するチュニスアジェンダ」の合意がなされた。　　　　　　〔太田　実〕

□ **セキュリティ・ポリシー** （せきゅりてぃ・ぽりしー） Security Policy

　コンピュータシステムのセキュリティにはいろいろな手段が考えられるが，具体的に維持するための対策規定が求められる。セキュリティ対策の1つがセキュリティ規定である。企業のセキュリティの考え方や発生したときの対応，コンピュータの日常の運用のルールとコンピュータ管理部員の内規などにより，円滑な運用が可能となる。企業経営において情報システムの構築は企業戦略上重要な位置にある。企業としても時間と資金を投資し情報システムを構築しているのであり，システムの故障，破壊は企業の運営に支障をきたすことになりかねない。情報システムの企画，構築，運用についての細かな規定を作成し，遵守することは企業として管理責任上最低限のことである。企業の年度経営計画には，情報システムの管理維持等の予算が策定されているのであり，企業の規模，業種，業態により日々改廃，構築され管理されているのが現状である。企業情報には，企業存亡の危機に直面する機密情報があり，CSRの問題にもなる（➡ CSR）。〔飯野邦彦〕

□ **セキュリティ・マネジメント・システム** （せきゅりてぃ・まねじめんと・しすてむ） Security Management System

　情報セキュリティ・マネジメント・システム（安全管理体制）のことで，ISMSと略称される。組織が所有する情報を適切に管理し，機密を保持するための枠組みをいう（中邨章監修『行政カタカナ用語辞典』イマジン，2008年）。ここでいうセキュリティとは，コンピュータやとくにコンピュータをインターネットに接続して使用する際の「安全性」をいう（増永良文『コンピュータサイエンス入門・コンピュータ・ウェブ・社会』サイエンス社，2008年）。また，情報セキュリティとは，情報資産を安全に管理し，適切に利用できるように運営する経営管理のことをいう。情報資産の適切な管理・運営のためには，情報の機密性・保全性・可用性が保たれていることが必要となるからである。システムのセキュリティ対策だけでなく，情報を扱う際の基本的な方針（セキュリティ・ポリシー）や具体的な計画（実施・運用，一定期間ごとの方針・見直し）まで含めた総合的なリスクマネジメント体系のことをさす（➡情報セキュリティ）。〔坂野喜隆〕

□ 積極・消極損害 （せっきょく・しょうきょくそんがい）

　交通事故における損害は，人身損害と物件損害に大別され，人身損害は財産上の損害と財産以外の損害に分けられる。さらに財産上の損害は積極損害と消極損害に分けられ，このうち，積極損害とは，交通事故によって，被害者の財産が減少するかたちで生じた損害をいう。たとえば，治療費，付添看護費，入院雑費，入・通院交通費，介護費，家屋改造費，装具費，葬儀費，宿泊費などのように事故により被害者が現実に支払った費用がこれにあたる。また，消極損害とは，事故がなければ得ることができた利益を事故のために得ることができなかった場合に生じた損害をいう。たとえば，交通事故によって負った傷害の治療のために休業を余儀なくされ，その間収入を得ることができなくなったことによる（休業損害）や死亡や後遺障害のため労働能力が低下し，将来の収入が減少することによる損害（逸失利益）などがこれにあたる。いずれも損害賠償の対象となるものであるが，両者を比較すると，消極損害は積極損害に比べて，その立証は困難であり，算定方法も複雑であるとされる。　〔成瀬敏郎〕

□ 騒音規制法 （そうおんきせいほう）

　1968（昭和43）年6月10日法律第98号。工場・事業場騒音，建設騒音，自動車騒音を規制する法律であり，公害対策基本法に基づいて制定された。騒音については，本法制定以前は，軽犯罪法や道路交通法などの個別の法律や条例による規制がなされていた。しかし，高度経済成長に伴い，騒音が社会問題化するという事情を背景に本法が制定された。本法では，自動車騒音について，環境大臣がその大きさの許容限度を定めるものとされている。そして，本法では，罰則が設けられているが，それは，特定工場や特定建設作業等に対する改善命令や届出等に関する違反に対するものに限られており，たとえば，騒音を生じさせるような方法で自動車を急に発進させるといったような，自動車騒音に関する行為については，道路交通法などに罰則が設けられている。もっとも，自動車騒音が一定限度を超えて道路周辺の生活環境が著しく損なわれていると認める場合，市町村長は，都道府県公安委員会に道路交通法上の措置をとるよう要請することや道路管理者などに意見を述べることができる。　〔宿谷晃弘〕

□ **総括原価主義** （そうかつげんかしゅぎ）

　運賃原価の算定に最も多く適用されているのが総括原価主義である。総括原価は，経常的な営業費用（減価償却費を含む）営業外費用および税金，配当金，適正な社内留保等からなるものでフルコスト・プリンシプル（Full Cost Principle）に相当する。総括原価主義は，期間費用に利益相当分を加算したものであるため，その利益相当分の範囲が明確でない。確たる理論的基準をもっていない総括原価主義に対して，より理論的なのが公正報酬原則である。

　公正報酬原則は，経営費に加算する利益相当分をその公益企業の財産額に対する一定の報酬率をもって算出する。総括原価と異なる点は，利益相当分が総枠的に決定されることである。わが国の多くの公共料金に用いられており，適正な利潤の算定方法の違いにより，①バス，タクシー事業の総括原価の算定に用いられる費用積み上げ式，②電力，ガス，電話などの民間事業者の運営する多くの公益事業の総括原価の算定に用いられているレート・ベース方式の2つの方法がある。

〔川津　賢〕

□ **損害賠償** （そんがいばいしょう）　Compensation for the Damage

　損害賠償とは，債務不履行・不法行為などの一定の事由に基づいて損害が生じた場合にてん補して損害がなかったのと同じ状態にすることをいう。交通事故での損害賠償の根拠となるのは民法の不法行為の規定（民法709条・715条）と自動車損害賠償保障法の運行供用者責任の規定（自賠法3条）である。交通事故による損害賠償の対象となる損害は，人身損害（傷害または死亡による損害）と物件損害（車両等の破壊による損害）に分けられ，人身損害は財産的損害（債権者の財産状態に発生した不利益）と精神的損害（債権者の精神状態に発生した不利益）に分けられる。さらに，財産的損害は，積極的損害（治療費などのすでに存在している財産が減少することによる損害）と消極的損害（休業損害，逸失利益などの財産の増加の妨害による損害）に分けられる。精神的損害に対する損害賠償を慰謝料といい，傷害慰謝料，後遺障害慰謝料，死亡慰謝料などに分けられる。交通事故による損害賠償については，交通事故の多発化を契機として，被害者相互間の公正性の確保，定額化・定型化が図られている。

〔松岡弘樹〕

□　**第一種鉄道事業**　（だいいっしゅてつどうじぎょう）

　一般的には，実際の車両を保有し，列車の運行管理を行う事業体を鉄道事業者と呼ぶことが多い。線路を所有するとともに，列車を運行する形態を第一種鉄道事業という。JR旅行会社や大手，中小・地方民鉄各社など，いわゆる鉄道会社は多くはここに属する。なお，鉄道事業法第59条の規定により鉄道建設・運輸施設整備支援機構と日本高速道路保有・債権返済機構には同法が適用除外されており，これから鉄道施設を借り受けて列車の運行を行う鉄道業者も第一種鉄道事業者となる。第一種鉄道事業を経営しようとする者は，路線ごとに国土交通大臣の許可を受ける必要がある。そのため，事業を始めるのに先立ち，許可を受けようとする者は次の内容を記載した鉄道事業許可申請書を国土交通大臣に提出することになる。氏名または名称および住所ならびに法人にあっては，その代表者の氏名，予定する路線，さらには経営しようとする事業の種別などです。JR東日本の東北本線にJR東日本の車両が走るようなパターンが第一種鉄道事業である。自前の線路に自前の車両が走る。　〔桑原賢二〕

□　**大気汚染防止法**　（たいきおせんぼうしほう）

　1968（昭和43）年6月10日法律第97号。大気汚染を防止するために，工場・事業場における事業活動や建築物等の解体などに伴うばい煙・自動車排出ガスを規制する法律。大気汚染に関しては，1962年制定の「ばい煙の排出の規制等に関する法律」があったが，四日市をはじめとして各地で大気汚染問題が深刻化していた。そこで，1967年の公害対策基本法の制定を受けて，本法が制定された。1972年の改正で，工場・事業場における事業活動に伴うばい煙等による健康被害につき，事業者に無過失賠償責任が認められるにいたった。本法では，環境大臣は自動車排出ガスの量の許容限度を定めなければならないとされる（第19条）。また，1995年の改正により，第19条の2が加えられ，第19条第1項の許容限度を定めるにあたり，「自動車排出ガスによる大気の汚染の防止を図るため必要があると認めるときは，自動車の燃料の性状に関する許容限度又は自動車の燃料に含まれる物質の量の許容限度を定めなければならない」とされた。これが，いわゆる自動車燃料規制の導入である。　〔宿谷晃弘〕

□ **第三種鉄道事業** （だいさんしゅてつどうじぎょう）

　第二種鉄道事業とは逆に線路だけを所有し，他社の車両を走らせる形態を第三種鉄道事業という。鉄道線路を第一種鉄道事業を経営する者に譲渡する目的をもって敷設する事業。および鉄道線路を敷設して該当鉄道線路を第二種鉄道事業を経営する者に専ら使用させる事業。北総線の小室以東の千葉ニュータウン鉄道や，神戸高速鉄道のほかに，都市部の新線建設の際に鉄道施設の建設・保有を行う第三種鉄道事業者として設立される第三セクター会社が該当する。後者の例としてはJR東西線の施設を保有する関西高速鉄道があり，実際の運行を行うJR西日本が第二種。第三種鉄道事業を経営しようとする者は，路線ごとに国土交通大臣の許可を受ける必要がある。第一種・第二種と同じようにそのためには，事業を始めるのに先立ち，許可を受けようとする者は，氏名・名称・その代表者，そして予定する路線・経営しようとする鉄道事業の種別などが必要となる。　　　　　　　　　　　　　　　　　　　〔桑原賢二〕

□ **第3セクター** （だいさんせくたー）

　第3セクターとは，国，地方公共団体，政府機関などの公共部門（第1セクター）と民間部門（第2セクター）とが共同で出資して，設立し運営する事業主体をいう。その事業体が性格からみて，公共部門にも民間部門にも含めることが難しく，両者の中間的な領域にあることから，「第3セクター」と呼称されている。

　第3セクターによる鉄道会社第1号は，1984（昭和59）年4月に発足した三陸鉄道（岩手県の久慈～宮古間，釜石～盛間）である。旧国鉄時代の赤字ローカル線であったが，第3セクター移行後経営が改善したことなどから，全国的に第3セクター鉄道会社が増えている。このような鉄道会社を見ると，①旧国鉄の赤字ローカル線の業務を引き継いだ会社，②旧国鉄の建設新線を継承し開業した会社，③私鉄の経営が悪化した路線を再生した会社などがある。第3セクター鉄道会社の経営は，利用客数の減少ないし伸び悩み，累積損失の未解消などから，厳しいものがあり，長期的に取り組む事業となっている。　〔田中宏司〕

□ **第三世代携帯電話** （だいさんせだいけいたいでんわ）

　ITU（国際電気通信連合）が策定したIMT-2000（International Mobile Telecommunication 2000）規格に準拠した方式を採用したデジタル携帯電話の総称で，「3rd Generation」から「3G」と略されて呼ばれることもある。世界共通の通話周波数で，UIMカードを採用することで電話番号を変えずに国際ローミングを可能にしている。第三世代携帯電話は，CDMA方式を採用しており，高速，大量のデータ通信や，マルチメディアを利用した各種のサービスを提供することが可能になった。2001年5月にNTTドコモがW-CDMA方式を使用したFOMAで試験サービスを開始，同年10月に商用サービスを開始したが，いずれも世界に先駆けたものである。日本国内ではNTTドコモのほか，ソフトバンクモバイル，イーモバイルの3社がW-CDMAを採用している。なお，すでに第三世代携帯電話の通信速度を超える次世代の通信サービスである第四世代携帯電話が研究されている。試作機では最大毎秒100Mbの通信速度が実証されており，2010年にもサービス開始が見込まれている。〔太田　実〕

□ **第二種鉄道事業** （だいにしゅてつどうじぎょう）

　線路は所有せず，自社の車両を走らせる形態を第二種鉄道事業という。他社の線路を借りて鉄道事業を行う。たとえば，青い森鉄道をJR東日本の「カシオペア」が走るようなパターンのこと。

　JR貨物の営業路線のほとんど（JR旅客各社等が第一種）や都営三田線の目黒〜白金高輪間（東京地下鉄が第一種）などに例が見られる。ほかに，青い森鉄道の全線，北総鉄道の小室以東，のと鉄道の全線（JR西日本が第一種または第三種），成田空港に乗り入れるJR東日本成田線成田〜成田空港間・京成電鉄本線駒井野信号場〜成田空港間（ともに成田空港高速鉄道が第三種）などです。また，神戸市内の鉄道路線網の一翼を構成する神戸高速鉄道は，自身が第三種であり，ここに乗り入れる阪急電鉄・山陽電気鉄道・神戸電鉄・北神急行電鉄が第二種となっている。ただし（当初から神戸高速鉄道の路線ではない北神線を除き）運賃計算など営業上の扱いは，旧法時代の名残と第二種事業者重複のため，神戸高速鉄道独自の路線として扱っている。〔桑原賢二〕

□　**ダイヤ**　（だいや）

　ダイヤグラムまたはダイヤは交通機関の運行計画を表現した線図のこと。このダイヤグラムから各駅での停車時刻の情報で抽出し，表の形で表現したものを「時刻表」と呼ぶ。また，交通の運行状況をさしてダイヤと呼ぶこともある。通常，「ダイヤの遅れ」「ダイヤの乱れ」などと使われる。

　一般に鉄道のダイヤグラムは時刻を横軸・距離，駅を縦軸において形成される。ダイヤグラムの変更をダイヤ改正という。現在，ダイヤ改正は1年に1～2回，3月・10月（12月）に実施されることが恒例である。

　世界でも鉄道のダイヤ改正が実施され，国際列車が縦横に行き来しているヨーロッパでは5月下旬～6月上旬を夏ダイヤ・12月中旬を冬ダイヤとしてダイヤ改正が行われている。

　日本のダイヤ改正は，1987（昭和62）年4月1日に国鉄分割民営化により，JRが設立されて以来，各会社間で行なわれている。改正の方法は，全面改正と白紙改正，一部修正する挿入式改正がある。　　　　　　　　　〔山口隆正〕

□　**ダブル・ブッキング**　（だぶる・ぶっきんぐ）　Double Booking

　客室の二重売りという意味だが，手違いにより同じ日の同じ客室に別名2組以上の指定予約を受け付けること，または同じ客の宿泊に対して重複して2つの予約をしたり受けたりすること。ホテルなど宿泊施設は，限られた客室をいかに無駄なく売り切るかが，経営上重要な使命である。そのためには，その日を中心とする前後の予約状況，競合他社の予約状況，グループの目減り，当日のキャンセル見込みなどを把握し，極力100％の稼働率（➡**客室稼働率**）を上げなければならない。それには豊富な経験と情報収集力，分析力が必要であるが，当てが外れ二重売りが発生する場合もある。Bookingを予約と意味するが，Double Bookingには，キャンセルの数を見越して意図的に行うものと，ホテル側のミスの場合がある。いずれにせよ，こういった状況が発生したときは，予約と同等以上の部屋を系列ホテル，他ホテルに確保し送客し，室料差額（もしくは全額）を負担するが，ホテルの信用問題にかかわるので必要に応じてフルーツ，朝食代の負担など，誠意あるお詫びが求められる。　　〔白土　健〕

☐ **地域情報化戦略** （ちいきじょうほうかせんりゃく）

　総務省が推進する地域情報化の施策体系のことである。電子政府・電子自治体サービスの基礎となる地域の情報化をはかる（➡ e-ガバメント）。

　最近のインターネットの爆発的な普及を背景に，電子商取引や金融，教育，医療等社会・経済活動の各分野におけるデジタル化，ネットワーク化が急速に進展した。これに伴い，行政の各分野においても，情報通信技術を活用した行政サービスの向上などに対する期待が一段と高まっている。このようなことを背景に，地域情報化戦略が検討されている。総務省では，教育・福祉等の住民サービスの向上，行政の効率化，情報格差（デジタル・ディバイド）の是正等の観点から，総合的に地域の情報化を推進している。2005年3月の「ユビキタスネット社会を実現する地域情報化戦略」「地域における情報化の推進に関する検討会」（最終報告）において，3つの地域情報化推進の柱として，公共ネットワークの構築，公共ネットワークを活用した公共アプリケーションの展開，地域情報化推進体制等の整備の3つが打ち出されている。　〔坂野喜隆〕

☐ **地球温暖化** （ちきゅうおんだんか）　Global Warming

　地球表面の大気や海洋の平均温度が上昇する現象。近年，石炭・石油・天然ガス等の化石燃料の燃焼により，温室効果ガスである二酸化炭素濃度が上昇し地球温暖化が加速している。地球の平均気温は1906年〜2005年の100年間で0.74℃上昇した。国連の気候変動に関する政府間パネル（IPCC）の第4次評価報告書（2007年2月）によれば，2100年には平均気温が最大で6.4℃，海面水位は最大59cm上昇するとされている。地球温暖化は，海水面上昇のほか，洪水・旱魃・台風やハリケーンの増加・熱帯林の消滅・生物種の絶滅・熱帯性の感染症の増加・水不足・食糧危機・環境難民の発生などを引き起こす可能性が指摘され，最も深刻な地球環境問題とされている。地球温暖化を防止するため京都議定書が1997（平成9）年に採択され，2005（平成17）年に発効した。2008年7月に開催された洞爺湖サミットでは「2050年までに温室効果ガス排出量を少なくとも50％削減を達成すべき」という首脳宣言がなされた。　〔中村陽一〕

□ **窒素酸化物** （ちっそさんかぶつ） Nitrogen Oxides

　窒素の酸化物の総称で，一酸化窒素（NO），二酸化窒素（NO2），一酸化二窒素（亜酸化窒素）（N2O），三酸化二窒素（N2O3），四酸化二窒素（N2O4），五酸化二窒素（N2O5）など。NOx（ノックス）と略称される。光化学スモッグや酸性雨などの原因となる大気汚染物質である。発生源は自動車が半分以上を占め，ほかに工場・火力発電所・家庭など多様である。排出される窒素酸化物は一酸化窒素が主だが，そのほとんどは大気中で酸化されて二酸化窒素になる。そのため大気汚染防止法による環境基準は二酸化窒素について定められている（**➡大気汚染防止法**）。いっぽう，自動車からの排出基準は「自動車から排出される窒素酸化物及び粒子状物質の特定地域における総量の削減等に関する特別措置法」（通称：自動車 NOx・PM 法）によって，窒素酸化物の総量基準値が決められている。一酸化二窒素（亜酸化窒素）は，温室効果ガスの1つで，二酸化炭素の310倍の温室効果をもち，窒素肥料などから発生する。　　〔中村陽一〕

□ **知的財産権** （ちてきざいさんけん） Property

　知的財産基本法第2条第1で，知的財産とは，発明，考察，植物の新品種，著作物，その他の人間の創造的活動により生み出されるもの（発見または解明がされた自然の法則または現象であって，産業上の利用可能性があるものを含む），商標，商号，その他事業活動に用いられる商品または役務を表示するものおよび営業秘密そのほか事業活動に有用な技術上または営業上の情報をいう。

　知的財産基本法第2条2項では，知的財産権とは，特許権，実用新案件，育成者権，意匠権，著作権，商標権そのたの知的財産に関して法令により定められた権利または法律上保護される利益に係る権利と規定している。知的財産権については，発明，考案，意匠（デザイン），商標，著作物などがあり，出願して10年から50年までの保護期間が定められている。企業において知的財産権は企業防衛手段として必要不可欠な戦略の1つである。コンピュータ・プログラムやブランドも知的財産権に含まれる。　　〔飯野邦彦〕

□ **地方交通線** （ちほうこうつうせん）

　旅客鉄道（JR）の場合，1981（昭和56）年，国鉄再建法が制定され，それに基づいて鉄道線区は幹線と地方交通線に区分された。この区分の基準は，1977（昭和52）年から1979（昭和54）年の平均輸送人員等で決定された。1日1kmあたりの輸送人員が8000人未満を地方交通線とした。さらに，4000人未満が，鉄道としての使命を終えたとして廃止対象路線としてリストアップされた。

　1984（昭和59）年4月から，幹線と地方交通線との新しい運賃制度が開始され，地方交通線には賃率換算キロが導入された。また，JR四国・JR九州の地方交通線は，1996（平成8）年から擬制キロを採用している。時刻表の巻頭地図では，幹線は黒線で，地方交通線は赤線で表示されている。この1984年の新制度開始以来，四半世紀の間，幹線と地方交通線の区分見直しは行われていない。そのため，実態とそぐわなくなってきている路線があることも否定できないところである（➡幹線）。　　　　　　　　　　　　　　〔佐藤勝治〕

□ **聴　聞** （ちょうもん）　Public Hearing

　聴聞とは，行政機関が行政上の処分を下す場合に，被処分者その他の関係人に意見を述べる機会を与える手続きをいう。聴聞の目的は，被処分者に弁明の機会を与えることによって，行政機関が事実誤認や不公正な判断を下すことを防ぐことにある。行政機関は，聴聞を行うべき期日までに相当な期間をおいて，被処分者に対して，処分の内容および根拠となる法令の条項，処分の原因となる事実，聴聞の期日および場所，聴聞に関する事務を所掌する組織の名称および所在地を書面で通知しなければならないものとされる（行政手続法15条）。交通違反に対する行政処分においては，免許の停止処分（90日以上）・取り消しの処分を行う場合は，公開による聴聞を行わなければならないとされている（道路交通法104条）。被処分者は聴聞において当該事案に対して意見を述べ，自身に有利な証拠を提出することができる。また，公安委員会が必要と認めた場合は，関係者・参考人の出頭を求め意見・事情を聞くことも認められている。

〔松岡弘樹〕

□ **賃率換算キロ** （ちんりつかんさんきろ）

　JR東日本，JR東海，JR西日本，JR北海道における地方交通線に設定されているキロ数で，営業キロ数の約1.1倍である。現在4社では，原則として，地方交通線のみを乗車する際の運賃は地方交通線用の運賃表から，幹線と地方交通線を連続乗車する場合には，営業キロ数と賃率換算キロを合算した運賃計算キロ数を用い，幹線用運賃表から運賃を算出することとなっている。

　国鉄の運賃計算制度は，いわゆる赤字ローカル線問題解決のため，国鉄再建法が制定され，それまでの全国一律運賃制から大きく変貌した。鉄道線区は幹線と地方交通線に区分され，地方交通線には賃率換算キロが導入され，割り増し運賃制となったのである。

　1987（昭和62）年の分割民営化後も，この運賃制度が引き継がれている。ただし，1996（平成8）年1月，JR四国，JR九州の2社では，地方交通線の運賃計算に擬制キロ数（営業キロ数の約1.1倍）を採用して現在にいたっている（➡運賃計算キロ，営業キロ，擬制キロ）。　　　　　　　　〔佐藤勝治〕

□ **ディーゼル排気微粒子** （でぃーぜるはいきびりゅうし）

　　　　　　　　　　　　　　　　　Diesel Emitted Particulate

　ディーゼルエンジンから排出される炭素と灰分からなる主に粒径0.1～0.3μmの微粒子で，DEPと略される。また，未燃燃料・潤滑油・不完全燃焼生成物・熱分解生成物や，燃料中の硫黄分が酸化してできた硫酸・硫酸塩・ベンツピレンなどの発ガン性物質も含まれている。肺がん・ぜん息・アレルギー疾患の原因となることが指摘され，2002（平成14）年の「ディーゼル排気微粒子リスク評価検討会平成13年度報告」（環境省）では，「これまでの知見を総合的に判断して，ディーゼル排気微粒子の人に対する発がん性は強く示唆されていると考える。」と結論づけられている。東京都が2003（平成15）年10月より，排出基準に合わないディーゼル車の都内での運行を禁止するなど，自治体による規制が進んでいる。このため，自動車の排気管に装着する，ディーゼル微粒子除去装置（ディーゼル・パティキュレート・フィルター＝Diesel Particulate Filter: DPF）が開発されている（➡浮遊粒子状物質）。　　　　　〔中村陽一〕

□ デジタル放送とアナログ放送　（でじたるほうそうとあなろぐほうそう）

　2011年にはアナログ放送が終了し，デジタル放送に完全移行する。デジタル放送とは，総務省が中心となり限られた電波の有効活用とより高画質，高音質な映像と音声の放送サービスで，双方向やデータ放送などいろいろなサービスの実現，移動体向け放送サービスなど，今日までアナログ放送では不可能なサービスの実現のため進められてきた。アナログ放送の場合，使用できる帯域がVHF1〜12チャンネルとUFHの帯域で広範囲である。近年，携帯電話や通信技術の発達などにより電波の使用帯域が限られさまざまサービスが難しくなってきた。もともと，電波は無限に使用できるわけではなく，とくに無線系のインターネットなどのサービスや新しいサービスが次々と登場し，新たな電波の需要に追いつかなくなってきた。そこでアナログ放送からデジタル化することで，情報量を圧縮する新しい技術を使い，従来使用していたアナログ放送の帯域を空け新しいサービスに有効利用できるようにした。デジタル化することでアナログに比べ，大量の情報を送ることができる。

〔金山茂雄〕

□ 鉄道・旅行に関する資格　（てつどう・りょこうにかんするしかく）

　鉄道・旅行に関する主な資格としては，「国内旅行業務取扱管理者」「総合旅行業務取扱管理者」「時刻表検定」「旅行地理検定試験」がある。
　「国内旅行業務取扱管理者」は，旅行業界唯一の国家資格（国土交通省の管轄）で，旅行業法の改正に伴い2005年から，従来の国内旅行業務取扱主任者から現行の名称に変更された。これに伴い，資格の内容も従来の旅行取引の管理・監督に，旅行に関する計画実施の管理・監督，旅程管理の管理・監督などが加わり，責任が重くなった。海外・国内の旅行全般を扱えるのは，「総合旅行業務取扱管理者」（旅行業法の改正により名称変更）である。主な内容は，旅行業法，旅行業約款，旅行業務に関するもので，旅行関連業で働く人々にとり必要な資格である。「時刻表検定」は，時刻表に網羅されているすべての情報を効率よく引き出す能力を測るものである（時刻表検定協会主催）。「旅行地理検定試験」は，日本や世界の地勢や環境をはじめ，観光地・観光資源の名称など幅広い知識について，判定する試験である（地理検定協会主催）。

〔田中宏司〕

□ **鉄道営業法** （てつどうえいぎょうほう）

鉄道営業法は，1900（明治33）年に制定された，鉄道事業の経営主体にかかわらず，鉄道（軌道法上の軌道を除く）すべてに適用される鉄道事業および鉄道運送に関する基本法規である。鉄道営業法の内容は，①鉄道の運行の安全を確保し，旅客，公衆又は荷物の安全を図るとともに，一般の利用に供する鉄道の運営を確保を目的とした，施設，運転の取扱，鉄道係員等に関する規定，②鉄道の安全及び円滑な鉄道の利用を確保を目的とした，これを侵害する行為に対しての罰則等に関する規定，③鉄道の普遍かつ公正な利用の確保を目的とした，運送の強制，運送条件の公示等に関する規定，④鉄道の利用に関する，鉄道事業者と利用者との関係の規律等に関する規定，の4つに分けられる。鉄道営業法は，鉄道事業および鉄道運送に関する大綱を規定しており，具体的事項に関しては，「鉄道に関する技術上の基準を定める省令」，「運転の安全の確保に関する省令」，「鉄道運輸規程」などの国土交通省令等の命令によって定めるものとしている。
〔松岡弘樹〕

□ **鉄道事業法** （てつどうじぎょうほう）

鉄道事業法は，鉄道事業等の運営を適正かつ合理的なものとすることにより，鉄道等の利用者の利益を保護するとともに，鉄道事業等の健全な発達を図り，もって公共の福祉を増進することを目的として1986（昭和61）年に制定された法律である。従来，鉄道事業を規制する法律には，国鉄を規制していた「日本国有鉄道法」と私鉄を規制していた「地方鉄道法」があったが，国鉄の分割・民営化に伴い，鉄道事業を統一的に規律するために，この法律が制定されたのである。鉄道事業法では，資本の投下の促進を主たる目的として，鉄道事業を①他人の需要に応じ，鉄道による旅客または貨物の運送を行う事業（第1種鉄道事業），②他人の需要に応じて，自ら敷設する鉄道線路以外の鉄道線路を使用して鉄道による旅客または貨物の運送を行う事業（第2種鉄道事業），③鉄道線路を第1種鉄道事業を経営する者に譲渡する目的をもって施設する事業および鉄道線路を敷設して当該鉄道線路を第2種鉄道事業を経営する者にもっぱら使用させる事業（第3種鉄道事業），の3つに分類している。
〔松岡弘樹〕

□ 鉄輪式リニアモーターシステム　（てつりんしきりにあもーたーしすてむ）

　リニアとはLineの形容詞で「直線の」という意味である。リニアモーターとは，本来は円筒状のモーターを線状に展開し，回転運動の代わりに直線運動をするようにしたものである。鉄輪式リニアモーターカーシステムとは，動力にリニアモーターを使い通常のレールと車輪によって走行する列車のことで，昨今地下鉄で多く実用化されている。車両を低床化・小型化でき，トンネル断面も縮小できるので工費が抑えられる。また，駆動力を車輪とレールの摩擦に頼らないために，急勾配での走行性能が高い。大都会では地下鉄路線の過密化により直線的路線空間の確保が困難になっており，急勾配・急カーブをもつ線形にせざるをえないが，そのような場合に有効である。大阪市営地下鉄長堀鶴見緑地線（1990年開業），都営地下鉄大江戸線（1991年開業），神戸市営地下鉄海岸線（2001年開業），福岡市営七隈線（2005年開業），大阪市営今里筋線（2006年開業），横浜市営地下鉄グリーンライン（2008年開業）など，同方式を採用した新路線が増えている。

〔桑原賢二〕

□ デポジット　（でぽじっと）　Deposit

　宿泊を希望する客が，宿泊登録手続き（チェックイン；check-in）の際に，支払う前金（保証金，手付金とも）。退室する手続き（チェックアウト；check-out）の精算時に，利用代金の一部に充当される。チェックアウト時の精算業務の効率化のため前払いシステムを採用しているビジネスホテルも多い。また、ホテル側は当日予約や事前予約をしないで直接宿泊施設に訪れる利用希望客（飛び込み客，➡ウォークイン）から室料の1.5倍から2倍程度を預かり金として受け取るが，予約ソースが明らかであるとともに，支払い関係が確実な場合は適用しない場合も多い。ホテルは宿泊利用者のサインでの信頼関係に基づいて運営される料金後払いシステムで成り立つが，室料や飲食代金を意図的に支払わず，外出に見せかけて逃げ出す悪意をもった宿泊客＝スキッパー（skipper）対策にもなる。このスキッパーの多くは，チェックインのときに書いてある名前は偽名，電話番号もでたらめ，ルームサービスなどの利用も目一杯使って料金の精算もせずに逃げてしまうなど，ホテル最大の敵である。

〔白土　健〕

□　デュアル・モード・ビークル　（でゅある・もーど・びーくる）

　列車が走るため軌道と自動車が走るための道路の双方を走ることができる車両のことである。線路上を走行する際は，前輪ゴムタイヤの前部に格納された金属車輪（前部ガイド輪）をレール上に降ろして案内用とし，前輪ゴムタイヤを持ち上げて浮かせる。いっぽう，後輪ゴムタイヤ後部の金属車輪（後部ガイド輪）をレール上に降ろして案内用とするが，後輪ゴムタイヤも駆動輪としてレール上面に接する。動力を後輪のゴムタイヤから直接レールに伝えることで軌道上を走行する。後輪ゴムタイヤは駆動軸上に左右それぞれ2本ずつ取り付けられており，内側のタイヤのみレールに接する。道路走行から軌道走行に切り替えるときは，車体をうまく線路上に誘導するため，地表に設置された専用のポインター（走行モード切り替え装置，モードインターチェンジ）が必要となる。この装置によってスムーズな作業が可能となり，約10秒間という短時間で走行モードを切り替えることができる。走行モード切り替え装置は左右のレールの外側に設置された2本のガイドウェイで構成される。

〔川津　賢〕

□　テレビ広告　（てれびこうこく）

　広告とは，テレビ，ラジオ，新聞，雑誌の4大マスメディアが一般的である。広告にはそれぞれ特徴がある。テレビの場合は，視聴者に対する認知度が高いがコストが高く情報量が少ない。テレビに比べ雑誌の場合は，コストが低く情報量が多く，読者層の細分化が図れる。また，交通広告は鉄道利用者に対し日常的，習慣的に反復接触させることで少しずつ確実に認知してもらうためのものである。このように，広告には人間の五感に訴えるものがある。テレビ広告は「見ると聞く（聴く）」の両方に訴えられる特徴があり，テレビ視聴者へ広告の記憶とイメージの訴え，さらに広告内容に対して求める効果を発揮するのである。テレビの最大の特徴は映像と音声によって視聴覚を超え，味覚や嗅覚まで影響を与える点である。つまり，人間の五感機能に訴え，それによって商品の特性やサービスが正確に伝えられ説得力をもつ。また，親近性，話題性などほかの広告では得られないものがテレビ広告にはある。

〔金山茂雄〕

□ **テレホンカード** （てれほんかーど）

　テレホンカードとは，日本電信電話株式会社（NTT）によって発行されている，公衆電話の利用を目的とするプリペイドカードのことをいう。NTTの前身である日本電信電話公社によって1982（昭和57）年12月から発行された。

　テレホンカードに関して，かつて問題とされたのは，テレホンカードの変造（テレホンカードの磁気部分の通話可能度数の改変）が有価証券変造罪（刑法162条1項）にあたるかということである。最高裁は，「テレホンカードの右の磁気情報部分並びにその券面上の記載及び外観を一体としてみれば，電話の役務の提供を受ける財産上の権利がその証券上に表示されていると認められ，かつ，これをカード式公衆電話機に挿入することにより使用するものであるから，テレホンカードは，有価証券に当たる」（最決平成3.4.5刑集45巻4号171頁）として，これを肯定したが，学説には異論もあった。しかしながら，この問題は，2001（平成13）年の刑法の一部改正により「支払用カード電磁的記録に関する罪」（刑法第18章の2）が新設されたことによって立法上解決された。〔宿谷晃弘〕

□ **点　字** （てんじ）

　点字とは，視覚障害者が触覚で読む字で，点（盛り上がりやその配置）によって文字・数字を表現する。近年，バリアフリー，あるいはユニバーサル・デザインの一環として点字の併記が行われるようになった。近年，商業製品をはじめ，駅や学校，トイレなどの不特定多数が使用する公共施設にも点字表記が積極的に行われている。点字と類似するものでJRの安全への取り組みとしては，電車ホームの黄色い線（点字ブロック）がある。それらはホーム側に黄色い線状に設置されている。これは，視覚障害者の転落防止のためである。また，ホームの白線上にある自光式のラインで，列車が接近すると赤色灯が点滅するスレッドラインがある。これは，列車の接近を知らせるとともに転落防止の注意を喚起し，未然に事故を抑止する役割をもつ。スレッドラインのほかにもホームから転落した人を自動的に検知し，進入してくる列車に異常を知らせるJR転落検知マットも鉄道における事故防止に役立っている（➡情報バリアフリー，バイアフリー）。

〔秋山智美〕

□ **電子マネー** （でんしまねー） Electronic Money

　電子マネーとは，日常生活で使われている貨幣のもっている貨幣価値をデジタルデータに置き換えたものである。もともと現金やクレジットカードの代わりに使うICカード型電子マネーとインターネットで使うEC（電子商取引）の決済手段として使われるネットワーク型電子マネーの2つのタイプである。また，個人同士，個人と企業，企業と企業の取引の際，円滑な処理のため発行元の金融機関を経由するクローズド・ループ型と発行元の金融機関を経由しないオープン・ループ型に分けられる。ICチップに金額情報が記憶されたカードを使い，店の端末から支払うのがICカード型電子マネーで，従来のクレジットカードなどによる決済処理を補っている。いっぽう，オンライン・ショッピングのようなインターネット上で商品を購入する際の決済処理の手段がインターネット型電子マネーである。現在では，ICチップを利用した電子マネーは，モバイルSuicaなどの「プリペイドタイプ」，PASMO，PayPassなどの「カードのみタイプ」，iD，eLIOなどの「ポストペイタイプ」がある。　〔金山茂雄〕

□ **電車内アナウンス** （でんしゃないあなうんす）

　JRでは，電車内アナウンスと構内アナウンス，ホームアナウンスなどが主なアナウンスとしてあげられる。列車や電車，バスなどの車内で行われる車内アナウンスは次の停車駅や停留所を知らせるアナウンスをさすとされる。本来は，車掌・バスガイドらが肉声，のちにマイクを通じての案内に変更されたが，1970年代以降の路線バスにおけるワンマン運転の普及により，運転士の負担減および乗客へのサービスの低下防止のための自動放送をさすようになってきた。

　当初はその限界からテープ（主に8トラック）によるものが主であったが，コンピュータ（デジタル）技術の向上に伴い，コンピュータ（半導体メモリ）に記録された音声および音楽による自動放送をさすようになってきている。JRなどの特急列車や急行列車では，放送前または放送前後にオルゴールなどによる車内チャイムを流す場合もある。　現在は，電車内アナウンスの対応言語は日本語のほか，英語によるアナウンスが行われている。　〔秋山智美〕

□　電車内広告　（でんしゃないこうこく）

　交通機関でみられる広告には，屋外広告，駅内広告，電車内広告（ステッカー広告，週刊誌の見出し広告，中吊広告）などがある。

　現在，大手電話会社は，車両に搭載された液晶画面と携帯電話とを連動させたデジタル広告配信実験を開始している。車両内の液晶画面を利用した広告配信について，「とても効果的」「まあまあ効果的」とするユーザーはあわせて86％を占めた。いっぽう，これまでに液晶画面を搭載した電車を「利用したことがある」と答えたユーザーは66％にのぼり，そのうちの70％が液晶を搭載した車両の印象について，「搭載していない車両よりも良い」と答えている。さらに，液晶画面の搭載については，「積極的に設置するべき」とするユーザーが33％，「ないよりはあった方が良い」とするユーザーが53％と，肯定的な意見が大半を占める（japan. internet.com 編集部 URL http://japan.internet.com/research/2001128/1.html）。今後，電車内広告は液晶ディスプレイによるデジタル広告配信などがさらに増えることが予測される。　　　　〔秋山智美〕

□　電車ホームアナウンス　（でんしゃほーむあなうんす）

　電車ホームアナウンスでは，運行上の案内（路線名・系統名・行き先・経路・進行方向・停車駅のドアの方向など）や電車ホームでの案内，注意（トイレ・公衆電話等の有無および設置箇所・携帯電話使用に関する注意・ポイント通過時および急ブレーキ使用時における車内事故防止目的のための注意喚起）などが主である。自動音声によるアナウンスのほかに適宜，駅職員による肉声のアナウンスが行われる。現在では電車ホームアナウンスの対応言語は日本語のみである。駅のホームや構内での看板などの文字表示はかなりの多言語化が見られるが，電車内でアナウンスされる日本語以外の言語は英語のみである。しかも，英語に対応していない路線も多くあり，音声での日本語以外の言語サービスは対応が遅れている。国内において，とくに首都・東京には外国人の観光客や居住者が今後，さらに増えることが予想される。また，アナウンスにおいては，電車内でもホームでも自動音声のみでは不十分な状況も多くなるだろう。近い将来は多言語に対応したアナウンス音声のニーズが高まることが予想される。〔秋山智美〕

□　**点数制度**　（てんすうせいど）

　点数制度とは，交通法規に違反したり，交通事故を起こした運転者を的確に把握して，適正かつ効果的な改善措置を講ずるとともに違反や事故についての点数を公表することにより，自動車の運転者に自制心を起こさせて，交通事故の発生を未然に防止することを主たる目的として，1969（昭和44）年10月に導入された制度である。点数には，交通違反をした場合に付加される基礎点数，交通事故を起こした場合に付加される事故点数，ひき逃げや当て逃げなどをした場合に付加される措置義務違反点数の3種類がある（道路交通法施行令別表第2）。運転者が交通違反・交通事故を起こすと，原則として，当該運転者の過去3年間の点数を合計し，合計点数が一定の値に達した場合に，免許の取消し・停止処分が行われる（道路交通法施行令別表第2）。免許の取消し・停止処分については，道路交通法に制度の内容が定められており（道路交通法103条1項・2項），道路交通法施行令に，具体的な処分基準が定められている（道路交通法施行令38条）。　　　　　　　　　　　　　　　　　　　　　　〔松岡弘樹〕

□　**電動バイク**　（でんどうばいく）　electric motorcycle

　電動バイクとは，エンジンの代わりに電動モーターを載せ，ガソリンの代わりに充電式の電池を載せて，走行するバイクのこと。エンジンがないため，エンジンオイルも必要ないし，キャブレターもない。化石燃料を燃焼させない，排気ガスを噴出しない，騒音を出さないバイクである。セルモーターやキックペダルもないから，キーで電源スイッチを入れ，アクセルを回して走りだすだけである。1990年代半ばから存在したが，近年になり，ハイブリットカーの普及に従って高性能バッテリーの価格も落ち着きをみせ，また環境意識の高まりも進み，同時に価格を抑えた商品が開発されたことから注目を集めている。公道はもちろん走れるが，公道を走行するには登録したナンバープレートがついていること，自賠責保険が付保されていること，ヘルメットを着用していること，などが最低条件となる。電動バイクには電気バッテリー（二次電池）を搭載しており，そこから発生される電気を動力源として動かす。家庭用のコンセント（プラグイン）で電気バッテリーは充電することができる。　　〔桑原賢二〕

□ **東京山手線内制** （とうきょうやまのてせんないせい）

　東京駅から営業キロ100 kmを超え200 kmまでの駅と，山手線各駅およびその内側を走る中央線・総武線の各駅（東京山手線内と称す）との運賃は，東京駅から計算するという制度である。

　歴史は古く，1945（昭和20）年4月1日，東京電車環状線内制としてスタートしている（「とうきょうでんかん」と呼ばれていた）。スタート当時は，東京駅から51 km以上の駅が対象であった。1972（昭和47）年9月，名称を東京山手線内と変更し，1980（昭和55）年4月から現在の101 km以上の（100 kmを超える）駅が対象となった。

　なお，特定都区市内制が201 km以上の（200 kmを超える）駅が対象であるのに対して，東京山手線内制は，そのミニ版ともいえるものである。各駅ホームの駅名票には，特定都区市内制での東京都区内の対象駅には「区」が，東京山手線内制対象駅には「山」という表示がなされており，適用駅がホームでも確認できるようになっている。

〔佐藤勝治〕

□ **東京湾アクアライン** （とうきょうわんあくあらいん）

　東京湾のほぼ中央部を横断する全長15.1kmの自動車専用の有料道路。神奈川県川崎市川崎区浮島町地区と千葉県木更津市中島を結ぶ。正式名を東京湾横断道路と呼ぶ。

　開通は1997（平成9）年12月18日。川崎側の9.6kmが「アクアトンネル」と呼ばれるトンネル。木更津側の4.4kmが「アクアブリッジ」と呼ばれる橋梁になっている。なお，その境目には人工島の「海ほたる　パーキングエリア」（島の天端幅100m，長さ650mとなり，島内には豪華客船をモチーフにしたパーキングエリアとなっている。主に休憩施設が設けられ360度の展望が可能となっている）があり，さらに，「風の塔（川崎人工島）」と呼ばれる東京ドームとほぼ同じ大きさの人工島トンネル中央部に設けられている。

　開通した結果，木更津～川崎間が約100kmから30km。所要時間も約90分から30分に短縮されて，物流とも活性化された。房総半島から川崎・横浜・東京へと消費者の流れに変化が見られた。

〔山口隆正〕

□ **道路交通法** （どうろこうつうほう）

　道路交通法は，道路取締法に代わり1960（昭和35）年に制定された，道路交通に関する基本原則を定めた法律である。本法の目的は，道路における危険を防止し，その他交通の安全と円滑を図り，道路の交通に起因する障害の防止に資することとされる（道交法1条）。法律の内容は，歩行者の交通方法および車両等の交通方法，運転者および使用者の義務，高速道路等の交通方法，道路の使用等，免許，罰則，反則行為の処理手続きなどを規定している。

　近年の改正点としては，チャイルドシートの義務化（2000年），免許証の有効期間を原則変更（3年→5年）（2002年），走行中の携帯電話等の使用の罰則強化（2004年），自動二輪車の高速道路での2人乗り解禁（2005年），駐車違反取り締まりの民間委託・放置違反金制度の導入（2006年），飲酒運転・救護義務違反（ひき逃げ）に対する罰則の強化（2007年），後部座席のシートベルト着用義務化，高齢運転者標識（もみじマーク）の表示義務化（2008年）などがあげられる（➡シートベルト，初心者運転標識等）。

〔松岡弘樹〕

□ **特定都区市内制** （とくていとくしないせい）

　東京都区内および特定の市内をゾーン化して，そのゾーン中心駅から営業キロ200kmを超える駅との運賃は，中心駅から計算するという制度である（乗車・下車の際は，表示されたゾーン内のどの駅でも乗降可能である）。

　この制度は，乗車券の常備の煩雑さを回避し，また運賃計算の簡略化のために設けられた制度である。歴史は古く，1944（昭和19）年4月の6大都市制（東京（のちの東京都区内）・横浜・名古屋・京都・大阪・神戸）が起源である（当時は中心駅から300キロ以上が対象であった）。その後，戦中の1944（昭和19）年4月に，東京都区内と大阪市内の2大都市制に変わった。中心駅から対象となるキロ数は紆余曲折を経て，1961（昭和36）年から現在の201km以上の（200kmを超える）駅が対象となり，現在にいたっている。1969（昭和44）年5月1日，現在の特定都区市内制と名称が変更され，横浜・名古屋・京都・神戸の各市内が追加，さらに1972（昭和47）年には，札幌・仙台・広島・北九州・福岡市内が追加されて，現在の11都区市内体制となった。

〔佐藤勝治〕

□ **トレーサビリティ**　（とれーさびりてぃ）　Traceability

「生産，加工及び流通の特定の一つまたは複数の段階を通じて，食品の移動を把握できること」(Codex, 2004)で，追跡可能性とほぼ同義語。食品の移動を追跡するための仕組みであり，食品の安全管理を直接的に行うものではない。いつ，どこから入荷し，どこへ出荷したかを各事業者が個々に記録しておくことにより，食品がどこから来てどこへ行ったかわかるようにしておくこと。

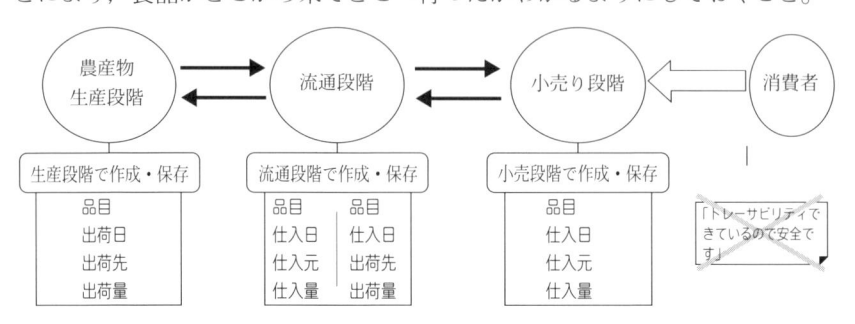

協力：農林水産省消費・安全局・消費安全政策課　　　　　　　　　　〔桜井武典〕

□ **内部告発**　（ないぶこくはつ）

内部告発は，企業など組織の不正行為などを中止させるために，外部へ情報を知らせることを意味する。その特徴は，①組織の内部のメンバーにより行われること，②外部に知られていない組織内部の情報であること，③組織の構成員に責任がある違法・不正行為を証明するものであること，④自発的な情報公開であること，⑤時には道義上の抗議を含めた公開であることである。

最近の企業不祥事に際して，多くが内部告発により発覚している。一般企業では，企業や組織内で発生した不正行為をいち早く通報・報告できるよう内部通報制度（倫理ヘルプラインなど）を設置している。これらは，企業や各種組織において，社員・職員などが，法令違反，規則違反などさまざまな不正行為や疑問などを組織内部の窓口に対して，匿名または実名で相談・照会，通報することを目的とした通報制度であり，企業倫理の制度化の重要なツールである。さらに「公益通報者保護法」が2006年4月から施行され，組織の違法・不正行為を通報した公益通報者を保護する仕組みとなっている。

〔田中宏司〕

□ **ナレッジマネジメント**　（なれっじまねじめんと）　Knowledge Management

「知識管理」のことである。組織内において個別に管理されている情報や知識を共有し，パフォーマンスの向上をめざす取り組みをいう。「KM」と略称されることもある。この場合の知識・情報とは単なるデータである「形式知」だけではない。経験則や仕事のノウハウといった，普段はあまり言語化されない「暗黙知」までを含んだ幅広いものをさしている。情報工学だけでなく，経営学においても，これからの企業経営の重要な要素となるといわれ，アメリカを中心に，対応を急ぐ企業も増えつつある。

ナレッジ・マネジメントは，その浸透により，個人の能力の育成，組織全体の生産性の向上，意思決定スピードの向上，業務の改善や革新の場の提供が実現できるとされる。ナレッジ・マネジメントとは，コンピュータシステムの名称ではない。そのシステムを利用し，業務プロセス全体を改善することである。現在，日本においても，日本ナレッジ・マネジメント学会が設立されている。この分野がいかに注目されているかがうかがえる。　　〔坂野喜隆〕

□ **ネット社会**　（ねっとしゃかい）

「ネットワーク社会」の略称である。ことに，インターネットを中心としたネット社会は，今日の社会構造の重要な要素である。このネット社会は，消費行動のみならず，デモクラシーにまで及ぶからである。政府は，ユビキタスネット社会をうたい ICT 政策を推進してきた。ユビキタスネット社会は，いつでも，どこでも，誰でも，何でもネットワークに簡単につながる社会像である。一方的に流れてくる情報を受け取るという受動的な面と，自分で情報を発信したり自ら必要な情報を探したりという能動的な面もある。ネット社会は利用者の意識によって変わるのである。ICT（情報通信技術）は進化が早い。そのため，予測不可能な問題を生み，ネット社会ではこの問題が世界同時に瞬時に起こるという側面がある。また，ネット社会は，匿名性という利点を活かしてきた。しかし，この匿名性は同時に弊害も生み出している。今後は，このような点をいかに改善するかが問われ，安全・安心なネットワーク社会を構築するかが問われる（『IT ソリューションフロンティア』24 巻 1 号，2007 年）。　〔坂野喜隆〕

□　**年功賃金**　（ねんこうちんぎん）　Seniority-based Wage System

　年齢や勤続年数，学歴などの属人的要素により決められる賃金のこと。単身者の生計費に学歴を加味した学歴別初任給から出発し勤続年数に応じて昇給，昇格していくことから，生計費に対応した賃金を保障し熟練労働力を確保するうえでは効果的な賃金制度とされる。職務内容によって賃金が決められている欧米とは性格を異にする。OECD（経済協力開発機構）はかつて，終身雇用制，企業別組合とならぶ日本的経営の「三種の神器」として注目。年功賃金は大企業，男性，高学歴者ほど顕著だが，最近では仕事の成果・業績などを評価し翌年の賃金を決める年俸制を導入するなど，制度自体を見直す企業も目立つ。年功制は一般的に，年齢や勤続に伴って仕事力が高まるという「年の功」の側面とともに，賃金の構成要素においては，年齢や勤続によって決まる「年」の部分と仕事の実績で決まる「功」の部分からなる「年と功」の側面からとらえられる。年功賃金が年齢や勤続とともに自動的に上昇し仕事の実績を反映しないという評価は，この「年と功」の側面を無視した議論といえる。　〔長谷川一博〕

□　**燃料電池車**　（ねんりょうでんちしゃ）　Fuel Cell Vehicle

　次世代自動車として最も注目を集めているのが，燃料電池車である。燃料電池車は水素を燃料として，排出するのは水だけという究極のエコ・カーである。GMやホンダが力を入れている燃料電池車は，水素と酸素を化学反応させて発電し，その電気でモーターを回し走行する電気自動車である。水素は未来のエネルギーの本命とみられ，各国メーカーが技術開発を競っている（→**水素エネルギー**）。トヨタとホンダは2005年6月に，国土交通省から燃料電池車としての初の形式認証を取得するなど高い水準に到達している。ただし価格面での課題が多く，化学反応の触媒に白金を使用するなど，燃料電池車の製作コストはガソリン車の100倍ともいわれ，1台の生産に数億円かかる。燃料電池車は自ら発電した電気で走行するので，これまでの電気自動車（EV）のように充電する必要はないが，燃料である水素を充填しなければならないため，インフラの整備が必要である。また，補給時に水素漏れが生じることがない高い気密性等の技術が求められる。　〔秋山義継〕

□ **上り・下り** （のぼり・くだり）

　道路または交通機関において線区あるいは路線区の終点から起点へ進む方向を「上り」，その反対を「下り」という。また，起点・終点の決め方は大正時代の国道は起点はすべて東京（日本橋）とされていたが，現在は道路交通法第5条第1項での重要都市・人口10万人以上の都市，特定重要港湾・飛行場などが「起点」となり，それらと連絡する高速自動車国道が「終点」となるのが通例である。昔，江戸から上方へ向かうことを「お上りさん」と呼んだ。

　鉄道の場合，東京駅に近い方向の駅を起点とし，「下り」とは「東京駅から離れる方向」となることが多い。九州地区では，九州旅客鉄道開業時に最も東京寄りの門司港駅を起点とした鹿児島本線を基準とし「上り」「下り」を決定したため，考えが異なることから「〜駅方面」とすることもある。京浜東北線・湘南新宿ラインは「北行」「南行」と表現する。山手線は「上り」「下り」の表現はなく「外回り」「内回り」の表現を用いている。なお，外回りは池袋始発4：26発。内回りは大崎始発4：30発（2008年11月現在）。

〔山口隆正〕

□ **バイオ燃料車** （ばいおねんりょうしゃ）

　原料となるバイオマス（Biomass）には，トウモロコシやサトウキビ，廃木材などがあり，これらを原料としてつくられたバイオ燃料で走行する車のことをバイオ燃料車という。カーボンニュートラルという考え方でバイオマスのほとんどは植物起源なので，燃焼して出される二酸化炭素は排出量に換算されない。地球温暖化を緩和するため，また減少する石油の代わりとしても，バイオ燃料が活躍しはじめている。日本で2007年4月に発売されたバイオガソリンは，それらの原料を発酵させてつくるバイオエタノールに，石油の精製過程で出る副産物イソブテンを混合させて，ETBEをつくる。それをレギュラーガソリンに3％の割合で混ぜたのが，バイオガソリンである。欧米ではバイオエタノールを直接，ガソリンに混合させる方法が主流であるが，日本ではインフラの問題やガソリン車に使用したときの安全性を考えて，ETBE混合を選択している。植物油を原料につくられるバイオディーゼルは，欧米では未使用の菜種油や大豆油，日本では廃油を利用してつくられる。

〔秋山義継〕

☐　**バイキング**　（ばいきんぐ）　Viking

　客があらかじめ並んでいる料理を自分の好みで選んで食事する形態「ブッフェ・レストラン」(Buffet)の，わが国における呼称。1958年，帝国ホテル内のブッフェタイプの北欧料理レストランが，肉・魚・野菜などの各種料理を食卓に並べ，好きなものを自由にとって食べるその豪快さから，9～11世紀にかけて大暴れしていた海賊＝「インペリアル・バイキング」と称したことから，好きなものを自由に取るスタイルの総称として名前が広まった（店の名前を公募した時期に，アメリカ映画「バイキング」の海賊たちが豪快に食事をするシーンがイメージにぴったりだと決定された）。「ブッフェ・テーブル」といわれるテーブルに各種料理を事前に用意し，利用客はそのなかから料理を選択し，飲食する。テーブルに着席する場合と，立食の場合がある。ホテル側から見れば，サービスは飲み物のサービスや，使用済み食器類のサービスなどに限定され，熟練者によるサービスの提供が省かれ，経営効率（人件費削減）の効果が大きい。「コールドボード」「スモーガスボード」ともいわれる場合もある。　〔白土　健〕

☐　**ハイブリッド車**　（はいぶりっどしゃ）　Hybrid Car

　異なる二種以上の動力源をもつ車のことをハイブリッド車と呼ぶ。現在では，ガソリンエンジンと電気モーターのハイブリッド車が主流である。その仕組みはシリーズ・パラレル方式と呼ばれる。シリーズ方式はエンジンで発電し，モーターで駆動と回生を行う。パラレル方式はエンジンとモーターの両方で駆動を行う。シリーズ・パラレル方式では，アイドリング中やクルージング中などの低負荷時と，発進や上り坂，追い越し加速といった高負荷時など，その状況に最適な動力を使うことで，効率よく走行できる。また，ブレーキングの際に，電力を回生する。現在のハイブリッド車は，電気をエンジンの補助的なものとして利用しており，外部の電力を使って充電することはできない。さらに燃費をよくして二酸化炭素を減らすためには，電気だけで走る距離を長くすることが求められる。バッテリー容量を増やすことなどによって，家庭用の電源など外部から充電できる「プラグイン・ハイブリッド」が実用化されれば，モーターだけで走るときの最高速度や走行距離が大幅に改善される。　〔秋山義継〕

□　**ハイブリッド電車**　（はいぶりっどでんしゃ）

　そもそもハイブリッドの意味とは，2つ（またはそれ以上）の異質のものを組み合わせて1つになることである。たとえば，期待されているハイブリッドカーは作動原理が異なる二種以上の動力源をもち，状況に応じて単独・複数と動力源を変えて走行する自動車のことをいう。それと同じく，ハイブリッド電車とは，「小海線」のように，ディーゼルと電池の併用方法で走行する電車のことである。財団法人鉄道総合技術研究所（鉄道総研）では，地域環境に配慮した鉄道車両の実現にむけた開発を進めている。開発中の電化区間と非電化区間の両方を走れる電車で，電化区間はパンタグラフでこれまでの電車と同様に走り，架線がなくなると車両に設置した電池でモーターを動かして走る。最近の走行試験では，ブレーキ時にエネルギーを蓄積し，蓄積されたエネルギーを駆動時に使用するシステムが開発されている。このような成果から，既存路線からの延伸路線を非電化することも可能となり，万能省エネルギー無公害電車としての利用が期待できる。

〔桑原賢二〕

□　**パスモ**　（ぱすも）　PASMO

　英語「Passnet」の「PAS」と（もっと）の意味の「More」の頭文字の「MO」から命名された。さらに【パスモ】の【モ】はパスネットとバス共通カードが合わさった「&」を表す（電車もバスも，あれもこれも）利用できるようになるという意味の【モ】も包含している。

　このカードは2007（平成19）年3月に株式会社パスモが発行した非接触型ICカード方式の鉄道・バス共通乗車カードである。現在は主に首都圏を中心に利用され，2008（平成20）年4月現在，流通枚数は870万枚に達している。

　特徴としては，①改札の際はタッチするだけ，②乗り越しの際は改札機の自動精算で可能となる（チャージしていれば，定期券の乗り越し運賃は，改札機の読み取り部分にタッチするだけで自動的に精算可能），③カードの繰り返し利用のために環境にやさしい（チャージまたは定期券の継続購入があれば，同一カード1枚で使用可能），④バス利用もタッチだけ，⑤財布代わりにPASMOマークの店で利用可能，があげられる（➡ICカード，非接触型ICカード）。

〔山口隆正〕

□ **波動輸送** （はどうゆそう）

　JR東日本の営業エリアは南北に長いことから，3大ピーク輸送（ゴールデンウィーク，お盆，年末年始）のほかにも，初夏の山形エリアのさくらんぼ狩り，秋の紅葉，冬の越後湯沢・長野エリアのウィンタースポーツなど観光・レジャー需要に応じた変化がある。ゴールデンウィークやお盆などのピークには，波動率は最高140％以上になる。また，週末波動，連休波動といった曜日による波動輸送がある。利用の多い時期にも，可能な限り多くの列車を設定し，多くの利用客に座席を確保することも輸送の使命である。また，東北新幹線「はやて」八戸延伸の営業開始に伴い，北東北方面への輸送量は順調に推移している。この需要に応えるため，波動輸送に対応車両として，E2系3編成とE3系4編成を投入した。利用客の多い時期は「はやて」「こまち」「つばさ」を投入し，運転本数は大幅に増加となっている。JR東日本ではお盆，年末年始をはじめとした多客期には，東京を起点として伸びる新幹線のほか，それぞれ需要に応じた臨時運転列車の本数を増加対応している。
〔川津　賢〕

□ **パブリックスペース** （ぱぶりっくすぺーす）　Public Space

　パブリックスペースとは，大きくいえば不特定多数の人が利用する場であり，都市や公園，建造物では学校，病院，図書館，劇場といった公共施設の空間，さらには航空機，船舶，電車，バスといった乗り物の空間である。プライベートスペースの反意語として使われる。ここでは，ホテルの施設のなかで，半公共性が強い部分のことで，宿泊客でなくても利用できるレストラン，バー，宴会場，結婚式場，ショッピングアーケードなどの収益部門のほかに，ロビー，廊下，エレベータ，ホール，階段，トイレなどの非収益部門を総称してさす。別の言い方ではホテルの延べ床面積のうち，無料で，利用客の使用に供される部分を共有部門という。一等地のホテルのロビーは冷暖房完備，ゆったりとした高級ソファが設置されており待ち合わせに絶好の無料の施設である。しかし一般の利用客に強い不快感を与えるような，ホテルにとって好ましくない人物（UG客など）が，ロビーに長時間居座るとホテルの品位が問われるため，適切な対処が必要である。
〔白土　健〕

□ **バラスト水浄化** （ばらすとすいじょうか） Ballast

　造船・プラント大手が，貨物船などが船体を安定させるために船内に積み込むバラスト水の浄化装置開発に取り組んでいる。このバラスト水は，貨物船などが荷物を載せずに航行する場合，船舶の安定を保つために重りとして船内に積み入れる海水である。荷揚げ港で取水され，別の港で荷積みをするときに排出されるため，荷積み港の生態系への悪影響が指摘されている。船舶への浄化装置搭載を義務づける国際条約の発効をにらんで各メーカーが浄化装置開発を急いでいる。これは，国際海事機関（IMO）が 2004 年，国と国を行き来する船舶に，環境対策としてバラスト水に含まれる生物を一定数以下に減らす装置の搭載を義務づける国際条約を採択したからである。条約が発効されれば，2009 年以降に建造されるタンク容量 5000 トン未満の船舶から順次義務化し，2017 年までに既存船を含む全船舶に適用される。日本などの海運大国の多くは，装置開発の遅れなどを理由に現時点では条約に批准していないが，欧州では批准に向けた動きが出ており，発効は時間の問題と見られる。　　〔秋山義継〕

□ **バリアフリー** （ばりあふりー）

　バリアフリー（Barrier Free）とは，物理的にハンディキャップを負っている障害者，高齢者，妊婦，幼児，乳母車を押す人々にとってバリア（障害）とならないように物理的環境を整備することをいう。

　鉄道関係でみると，障害ある人々にとって物理的障壁となるものは，①車椅子利用者向けには，段差の解消（車椅子対応エレベータ，運搬機の設置等），手すりの設置，スペースのあるトイレの設置など，②視覚障害者向けには，なだらかなスロープの整備，点字の併記，点字ブロック，音響式信号機の設置などがあり，利用者が快適に利用できる駅や設備を整備することが大切である。高齢化社会を迎え，障害者をはじめ高齢者や病気や怪我をしている人々にとって，安全で安心できる社会は，人にやさしい住みよい社会である。広義のバリアフリーには，障害者の社会参加を困難にしている社会的，制度的，心理的な障害・障壁など社会的障壁となっているすべてのバリアの除去という意味でも使用され，社会的な問題に対する人々の意識の変革が望まれている。　〔田中宏司〕

□ BS放送とCS放送の違い　(びーいすほうそうとしーえすほうそうのちがい)

Broadcasting Satellite/Communication Satellite

衛星には，BS放送に利用する放送衛星，CS放送に用いる通信衛星との二種類がある。本来BS放送は，各家庭に放送を提供するためのサービスである。そのため，家庭に設置する小さなパラボラ・アンテナでも容易に受信できるようにBS放送に利用する人工衛星では，出力の大きいトランスポンダーを利用する。CS放送は，本来は事業所向けデータ通信を前提に設計されている。そのため，出力の小さなトランスポンダーを多数搭載し，多くの利用者が共用できる。また，受信するには大型のアンテナが不可欠であった。ところが，デジタル化の進展に伴い，映像を圧縮して送信する技術が高度化し，小さなトランスポンダーでも高品質のよい映像を送信できるようになり，比較的小型サイズのアンテナで電波を受け取れるようになった。技術的進歩により，CSを用いたテレビ放送が可能になった。BSとCS放送は，技術上の違いは見られるが，番組を視聴していると，どちらも同じようなものに見える。〔秋山義継〕

□ 非接触型ICカード　(ひせっしょくがたあいしーかーど)

電波を利用することで，読み取り装置に直接接触させなくても情報のやり取りができるICカードのこと。アンテナが内蔵され，外部の読み取り装置（リーダー）にかざすだけでデータを送受信できる。たとえばソニーが開発したFeliCaは，カード内にアンテナをもち，読み取り装置からの電波を利用して暗号化されたデータをやり取りしている。接触型のICカードに比べ利用時の手間が省かれ，磨耗による劣化やカード自体の破損も防ぐことができるといった利点がある。非接触ICカードには，交信距離により3mm以下の密着型，10cm以下の近接型，70cm以下の近傍型，70cm以上の遠隔型の4種類がある。このうち，遠隔型を除いた3つの規格はISO/IECで標準化されている。さらに，近接型では電波出力と信号インタフェースの処理が異なる「Type A」「Type B」「Type C」があるが，2000年7月に「Type A」および「Type B」が国際規格に制定された。今日，ICカードは接触型から非接触型へ大きくシフトしており，Suica，Edy，PASMOなど非接触型が拡大している。〔太田　実〕

□ **VIP** （びっぷ） Very Important Parson

　政府の国賓クラスをはじめ大臣，政界や財界の重鎮，役人，上場あるいは一流企業の役員，旅行業者，航空会社の代表者・幹部等，ホテルにとっての最重要顧客をさす。どのような人物をVIPと考えるかは，ホテル側の判断による。VIPは，リストに記載（VIPリポート＝万全の受け入れ体制やサービスを図るよう関係部署に手配する）し，全職場に周知徹底させ，どの施設でも支配人による出迎え・見送り・客室への各種サービスを提供するなど，一般利用客とは異なる質の高い接遇が行われなければならない。これは，そのことがホテルの格式や品格，見識にかかわる重要な要件と見なされるからである。とりわけ，海外からの賓客については，国際感覚を問われることがないよう，言葉や宗教，文化，風習等についても各職場において事前学習が必要である。また，国賓や社会的に重要人物の場合には，警備の対象となる。ほかに特定の顧客のためにレストランにVIP用テーブルを設けたり，警備上の理由から，ホテルの1フロア全体をVIPフロアとすることがある。　　　　　　　　　　〔白土　健〕

□ **VVVF** （ぶいぶいぶいえふ） Variable Voltage Variable Frequency

　VVVF（可変電圧可変周波数）とは，交流で動作する電動機などで用いられる電圧と周波数を自由に可変制御できる電源の略称。VVVFを実現する電力変換装置（インバータ）は「VVVFインバータ」と呼ばれており，とくに鉄道車両のVVVF制御（速度制御方式）として拡大使用されている。VVVFは，三相誘導電動機（ロータ，ステータ）の回転などに合わせて電圧や周波数を制御し最適な状態に調整する。従来の鉄道車両は，直流電動機を使用した直流電気車が主で，速度制御は主抵抗器を用いて電力量の調節で行っていたため，抵抗器の発熱によって電気エネルギーを浪費していた。しかしVVVF制御方式によって消費電力量のエネルギーを節約，環境負荷低減策も可能となった。その利点は，① 主回路に常時作動する接点部分の減少および電動機の保守点検がほとんど不要なため主回路全体のメンテナンスフリーが図れる，② 主電動機の大出力化が容易であり，高速運転時の回生ブレーキ能力が向上し省エネルギー・経済運転が可能である，があげられる。　　　　　〔川津　賢〕

□ フード・マイレージ （ふーど・まいれーじ） Food Mileage

フード・マイレージは、1994（平成6）年イギリスのティム・ラング（Tim Lang）が提唱した「食糧輸送距離」（重量×距離）の概念である。生産地と消費地の距離が近いほうが輸送に伴うエネルギー量が少ないため、環境経営の視点からも優れている（参考 URL http://www.food-mileage.com/caloulator/）。

神津島産天草
（筆者撮影）

（例）寒天の原料である天草を比較してみよう。
①国産である伊豆諸島神津島　②最大の輸入国モロッコ
①天草（トコロテン1人前35ｇ）を神津島から東京まで輸送した場合＝
　フード・マイレージ0.172kgkm.
②天草（トコロテン1人前35ｇ）をモロッコから東京まで輸入した場合＝
　フード・マイレージ17.612kgkm.
＊神津島産とモロッコ産のフード・マイレージの差は約100倍ある。

参考：フードマイレージ・キャンペーン、2008年9月

〔桜井武典〕

□ 不正アクセス （ふせいあくせす）

不正アクセスを規制、取り締まる法律として、不正アクセス行為の禁止等に関する法律が1999（平成11）年8月に制定され、他人のコンピュータネットワークへの不正アクセスの防止や他人のIDやパスワードの不正使用の防止などに罰則規定を課した。この不正アクセス禁止法は不正アクセス行為と不正アクセス行為を助長したものも罰則規定に含めたのである。またアクセス管理者にも強く防御措置、対策手段を講じることを求めた。インターネットビジネスへの法律の適用には、これまで不正競争防止法、特定商取引法などがあり、知的財産権の項で述べたように著作権法などがある。法律適用することで、ネット犯罪に対して防衛手段を講じているが、知的犯罪者が次々と不正行為手段により、不正アクセスを仕掛けてくるのである。ネットワークインフラの整備も時代とともに変化してくるのであり、それについての対応も政府としても業界とともに環境適応することが求められている（➡**コンピュータ不正アクセス対策基準、ホームページの書き換え**）。

〔飯野邦彦〕

□ 浮遊粒子状物質　（ふゆうりゅうしじょうぶっしつ）

Suspended Particulate Matter : SPM

　大気中に浮遊する粒子状物質で，環境基本法（1993年制定）に基づく環境基準では，粒径10μm以下のもの。発生源は工場のばい煙，自動車排出ガスのほか，火山噴火や森林火災など。環境基準は，1時間値の1日平均値が0.10mg/m³以下，1時間値が0.20mg/m³以下，と定められている。浮遊粒子状物質のなかで，粒径2.5μm以下のものを微小粒子状物質（PM2.5）と呼び，主にディーゼル車から排出される。PM2.5は粒径が小さいため，肺の奥深くまで入り込み，健康被害も大きいと考えられる。日本におけるSPM値は，高度成長期以降1990年ごろまで，主に自動車の増加により悪化してきた。2003年から，東京都・埼玉県・神奈川県・千葉県の条例により，排出ガス基準を満たさないディーゼル車の走行規制が始まるなど，改善されつつある。しかし，都市部の幹線道路沿いなどではまだ環境基準の未達成の地点が多い（➡ディーゼル排気微粒子）。　　　　　　　　　　　　　　　　　　　　　〔中村陽一〕

□ プライス・キャップ規制　（ぷらいす・きゃっぷきせい）

Price Cap Regulation

　料金規制の一種である。料金の上限のみを一定の原価に基づいて直接規制し，その範囲内であれば価格決定を企業に任せることにより，事業者の経営努力へのインセンティブを高めようとするものである。プライス・キャップは通常料金の年間引き上げ率の上限を消費者物価など一般物価上昇率から当該産業の目標コスト削減率を差し引いた数値とするものである。目標コスト削減率の値によっては，年々引き下げを義務づけられる場合もある。この目標コスト削減率は数年に一度改定される。この方式は料金改定のたびごとに原価を厳密に推計する手間を省かせ，また企業が技術の進歩や経営努力による生産性向上に成功すれば少なくともその期間中は収益を上げることができるなど，コスト削減のインセンティブになるとされている。日本では，鉄道分野で導入されているが，ほかの国では電気通信などの分野でも導入されている。イギリスでは，国営企業の民営化にあたって企業の自主性を発揮させるために導入された。　〔川津　賢〕

□　フリーゲージトレイン　（ふりーげーじとれいん）

　線路幅の異なる標準軌間（1435mm）と狭軌間（1067mm）を直通運転ができるよう車輪幅を軌間に合わせて自動的に変換し相互直通乗り入れ運転が可能となる軌間可変電車のことである。具体的には，新幹線に乗車した利用客が座席に着いたまま在来線の目的地まで乗り換えなしの到着が可能となる。これまでは，標準軌も狭軌も走行可能にするには，3線軌の区間を設けて可能としていた。フリーゲージトレインは敷設されている線路はそのままとして，電車のほうで車輪幅を可変し，標準軌と狭軌を接続する。軌間変換装置を通過する間に，車輪を車軸方向にスライドさせて軌間設定ができる機構を装備し，短時間に変換ができる。課題は，動力伝達に関する機構，電車に給電電圧の違いや集電装置の問題がある。また日本ではカーブ区間が多いため，曲線通過時の走行速度，乗り心地改善対策として，現在JRとメーカ12企業体からなるフリーゲージトレイン技術研究組合が設立され，独立行政法人鉄道建設・運輸施設整備支援機構から委託を受けて振り子式構造車両開発を進めている。

〔川津　賢〕

□　ブルーレイディスク　（ぶるーれいでぃすく）　Blu-ray Disc

　ブルーレイディスクは光ディスクの新規格で，30年以上の歳月をかけ，研究開発のなかで得られたノウハウや技術が多く集まっている。最近，ハイビジョン放送に代表される高品位コンテンツが登場し，このコンテンツの高音質・高画質化に伴い，それらを記録して再生する高速・大容量のメディアが必要である。そのために，新世代の光ディスクメディアとして，研究・開発し実用化されたのがブルーレイディスクである。ブルーレイディスク（Blu-ray Disc: BD）はDVDと同じ直径12cmのディスクである。同じ大きさであってもブルーレイディスクの記憶容量は，DVDの4.7GB（ギガバイト）に対し，50GB（片面2層）の大容量の記録ができる特徴をもっている。これはハイビジョンの映像がディスク1枚に4時間以上記録が可能で，また，家庭で使用しているパソコンのハードディスク（HDD）内のすべてのデータ・情報が1枚のディスクでバックアップができるデータストレージ（外部記憶装置），ゲームコンテンツなどさまざまアプリケーションへの応用ができる。

〔金山茂雄〕

□ **ブロードバンド** （ぶろーどばんど） Broadband

　ブロードバンドとは，データ伝送に使う周波数帯域幅が広いということであるが，高速または大容量の意から，従来の通信回線方式よりも高速なデータ通信が行える通信方式の総称，また，そのうえで提供される大容量のデータを活用した新たなサービス名として使用されるようになった。帯域幅（バンド幅）とは，データ伝送に用いる周波数の下限と上限の幅のことであるが，この幅が広いと一定時間により多くのデータを伝送することができる。帯域幅が広いというのは，従来のモデムや64kbpsのISDNと比較してのことであり，これらはブロードバンドに対しナローバンド（Narrowband）と呼ばれる。速度に関する定義はないが，現在，ブロードバンド回線に分類されるものには，有線通信ではFTTHやケーブル・テレビ，xDSL，無線通信ではFWA，携帯電話のIMT-2000などがある。ブロードバンドの拡大に伴い，通信事業者やコンテンツ配信サービス事業者などの新たな投資により，回線の低価格化，高速化が進み，さらには映画，音楽など多様なサービスが開発，提供されている。〔太田　実〕

□ **ブログ** （ぶろぐ） Blog

　Weblog（ウェブログ）の略称である。ホームページよりも簡単に個人のページを作成し，公開できる。個人的な日記や個人のニュースサイトなどが作成・公開されており，多種多様な内容となっている。ブログは，簡単に個人のウェブページを作成することができるだけでなく，発信された記事に対して閲覧者がコメントすることができる。また，別のブログへリンクを張った際，リンク先の相手に対してリンクを張ったことを通知する仕組みである「トラックバック」機能により，閲覧者自身のブログへのリンクを作成する双方向型のCGM（消費者発信型メディア）としての利用が拡大している。2008年1月現在，インターネット上に公開されている国内ブログの総数は，約1690万，記事総数は，約13億5000万件，データ総量は，約42テラバイトであった。画像・動画ファイルなどのデータ量を除いたテキスト情報のみのデータ量は，約12テラバイトであり，このデータ量は，書籍1冊の原稿の情報量の約2700万冊分に相当する（総務省編『平成20年度版　情報通信白書』ぎょうせい，2008年）。〔坂野喜隆〕

□　プロバイダ　（ぷろばいだ）　Provider

　正式には，インターネット・サービス・プロバイダ（Internet Service Provider）のことであり，インターネットへの接続サービスを提供する事業者のことをいう。略称して，ISPということもある。日本では，プロバイダは電気通信事業者の1つとして位置づけられている。プロバイダは，インターネット接続サービスの提供として，インターネットへのコネクティビティ（接続性）を提供することを主なサービス内容とする。そのほかのサービスとしては，電子メールアカウントの提供，Webページ公開用スペースの提供，独自のポータルサイトの運営なども行っている。また，コンテンツサービスを提供することも一般化している（中邨章監修『行政カタカナ用語辞典』イマジン，2008年）。日本において代表的なプロバイダとしては，1992年にサービスを開始した富士通系のnifty（ニフティ）をはじめ，NEC系BIGLOBE（ビッグローブ），ソニー系So-net（ソネットエンタテインメント），NTT系のOCN，ソフトバンク系のYahoo・ODNなどをあげることができる。
〔坂野喜隆〕

□　フロンガス　（ふろんがす）　Chlorofluorocarbons＝CFCs

　フロンガスは，炭化水素の水素を塩素やフッ素で置換した化合物（クロロフルオロカーボン）の俗称で和製英語である。化学的に安定で反応性が低く，ほとんど毒性を有しない。また揮発性や親油性などの特性を持ち，冷蔵庫やエアコンなどの冷媒，半導体などの精密な部品の洗浄剤，ウレタンなどの発泡剤，スプレーの噴射剤などとして幅広く使用されてきた。特定の種類のフロンが成層圏に達すると，塩素を放出してオゾンを酸素原子に分解しオゾン層を破壊することが判明した。オゾン破壊によって地上に降り注ぐ紫外線が増え皮膚がんの増加などの被害が予測されるため，モントリオール議定書（1987年）などによる規制が進み，現在ではオゾン破壊が少ないハイドロクロロフルオロカーボン（HCFCs）や，まったく破壊しないハイドロフルオロカーボン（HFCs）などの代替フロンが使われている。しかし，一方でCFCs・HCFCs・HFCsともに，二酸化炭素の数百〜数万倍の温室効果をもつため，地球温暖化にとって大きな問題となっている（➡オゾン層の破壊，温室効果ガス）。
〔中村陽一〕

□ **紛争の解決方法** （ふんそうのかいけつほうほう）

　交通事故における民事上の紛争は，ほとんどの場合が示談で解決するケースが多い。示談とは，加害者が被害者に対して，損害賠償の支払いをなすことを約束し，被害者がその支払いを受けるほかは，加害者に対して損害賠償を請求しない当事者間の契約をいう。交通事故における示談には，請求権放棄事項が入れられるのが普通であるが，後遺障害などの場合には示談の効力は及ばないとされる（→示談）。示談で解決しない場合は調停や訴訟によることとなる。調停とは，私人間の紛争解決のために，第三者が仲介して双方当事者の間に解決の合意を成立させる手続きをいう。調停が成立すると確定判決と同じ効力が生じ，強制執行も行うことができる。交通事故の損害賠償請求調停の場合，所定の様式が裁判所に用意されている。また，訴訟とは，国家の裁判権の行使によって，法律的に権利救済や紛争解決をするために，当事者を関与させて審理・判断する手続き（制度）をいう。交通事故における訴訟の場合，判決までいかず，和解によって解決するケースが多い。

〔成瀬敏郎〕

□ **ベロタクシー** （べろたくしー）　Velo Taxi

　ベロタクシーは，1997 年にドイツの首都ベルリンで「環境にやさしい新しい交通システムと，動く広告が一つになった乗り物」として開発された自転車タクシーである。バスや鉄道などを補完する交通手段としてだけではなく，環境問題・高齢化社会問題・地域経済の活性化・雇用問題などの解決策の一つでもある。ベロタクシーは，乗客・広告スポンサー・ドライバー・地域住民・行政の協力によりヨーロッパを中心として世界各都市で運行されている。全長 3 m，幅 1.1m，高さ 1.75m の三輪。前に運転席，後方に大人 2 人の座席があって，21 段変則ギヤ付で走行速度は時速 10～15km。リサイクル可能なポリエチレンを使用した流線型のおしゃれな車両で，都心の新しい交通手段として注目されている。2002 年に京都市での日本でデビュー以来，愛知万博の PR カーとしての使用も含め東京，大阪など 10 都市を越える場所で運営されている。ベロ（Velo）はラテン語に語源をもつフランス語で自転車という意味。

〔桑原賢二〕

□　**放送倫理**　（ほうそうりんり）

　1989年10月，取材で得た情報を報道以外の目的に利用したことが引き金になり，「坂本弁護士ビデオ事件」が起こった。明らかに放送倫理に反しており，もし，放送倫理が守られていたら，事件は未然に防げたかもしれない。この事件以前にも，替え玉問題ややらせ問題，政治の偏りなど，放送に関する基本的な倫理に対する諸問題が指摘された。これを受けて，1996年9月には，日本民間放送連盟と日本放送協会が「放送倫理基本要領」を公表し，明文化された。このなかで，放送の社会的な使命を確認するとともに，報道に関しては以下の内容が文章化された。「報道は，事実を客観的にかつ正確，公平に伝え，真実に迫るために最善の努力を傾けなければならない。放送人は，放送に対する視聴者・国民の信頼をえるために，何者にも侵されない自主的・自律的な姿勢を堅持し，取材・製作の過程を適正に保つことに努める」（日本民放放送連盟が毎年発行する『日本民間放送年鑑』の「資料・便覧」「放送倫理基本要領」「日本民間放送連盟　放送基準」のなかに全文が掲載）。　　　　　　〔秋山義継〕

□　**ホームドア**　（ほーむどあ）

　プラットホームの線路に面する部分に設置され，可動式の開口部をもった仕切り扉である。ホームからの転落防止や列車との接触事故防止などを目的とした安全対策の1つである。ホームドアは，列車の到着に合わせ，係員の操作や車両のドアに連動して自動で開閉する。天井までほぼ完全にホームを被うものと腰高程度のものがあり，「可動式ホーム柵」などと呼ばれる。ホームを完全に覆うことによる転落事故防止の効果，鉄道車両との接触に対する抑止効果は大きい。しかし，ホームドア導入には相互乗り入れ車両のドア配置統一（数・大きさなど），列車とホームのドア位置を正確に合わせるための自動列車運転装置（ATO）や定位置停止装置（TASC）による高度な停車位置制御が必要となる。近年，無人運転や地下鉄線のワンマン運転導入の際などに設置されている。ATOによるワンマン運転では，停止精度±350mmの範囲で停止，運転士がドア操作をしている。ワンマン運転による乗務員の業務量増加や安全監視の低下が代替され，長期的には人件費削減が期待できるものである。　〔川津　賢〕

□ ホームページの書き換え　（ほーむぺーじのかきかえ）

　他人の管理するホームページに不正にアクセスして，その内容を改ざんしてしまうこと。インターネットの普及に伴い，事例が急増しており，有効な対策がなされにくいのが実情である。第三者による犯行だけでなく，元交際相手や元社員，あるいは顔見知りの者が嫌がらせや仕返し目的で犯行に及ぶ場合も多く，また国内だけでなく，海外からなされるケースもあとを絶たない。近時においては，ホームページ書き換えプログラムによる被害の急増が報告されており，対策が呼びかけられている。1999（平成11）年に制定された不正アクセス禁止法では，不正アクセス行為（特定電子計算機における「アクセス制御機能により制限されている特定利用をし得る状態にさせる行為」であり，他人の識別符号を無断で入力する行為および識別符号以外の情報または指令を入力する行為がある）に対して罰則が設けられており，ホームページの書き換えは，不正アクセス行為だけでなく，態様によって名誉棄損罪や電子計算機損壊等業務妨害罪などの刑法上の罪に問われ得ることになる（➡不正アクセス）。　　　　　　〔宿谷晃弘〕

□ POSシステム　（ぽすしすてむ）

　POSシステムとは，販売時点情報管理システムのことであり，コンビニエンスストアやスーパーマーケット，専門店などで用いられている。データを利用することにより在庫管理，顧客管理，店舗内事務作業の省力化により経営の合理化に結びつくのである。販売時点の情報（たとえば商品名，価格，数量，販売時刻，年月日）がPOS端末器に情報として収集される。毎日の売上，仕入，粗利益率，在庫状況が確認でき，データの集積により季節の売れ筋商品が判明する。バーコードやOCRタグをスキャナーで読み取り売上情報を収集する。

　コンビニエンスストアでは，本店の大型コンピュータと連結させ，全国の店舗別売上，商品名，個数等の情報が確認でき，経営戦略とくに在庫，仕入政策のうえでムダな在庫を持たず効率的な企業経営が可能となった。POSデータの活用によりABC分析，価格設定，利益管理，陳列管理が可能となった。また，顧客管理だけでなく，顧客ニーズを経営戦略に役立てられる。　〔飯野邦彦〕

□　**マイクログリッド**　（まいくろぐりっど）　Micro Grid

マイクログリッドとは風力発電，太陽光発電，コージェネレーション（Co-Generation）などの電力生産装置と工場，ビル，店舗などの消費施設を連系し，エネルギー制御技術を用いて管理するシステムのこと。経済性および環境性を最適化するため高度な情報技術が必要である（➡コージェネレーション）。

マイクログリッドの仕組み

〔桜井武典〕

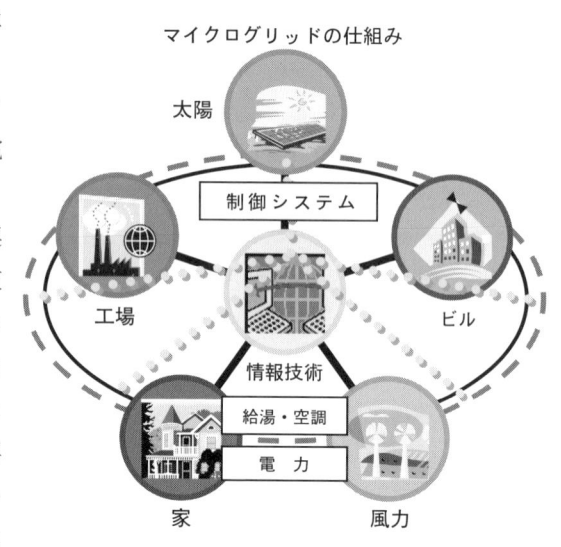

□　**マイレージサービス**　（まいれーじさーびす）

マイレージサービスは，飛行機に乗ると，飛行距離に応じてポイントが加算されるシステムで，そのポイントが「マイル」と呼ばれている。ある一定のポイントが貯まると，無料往復航空券や座席のグレードアップなどの特典と交換できる。

各国では，一般的にフリークエント・フライヤー・プログラム（FFP: Frequent Flyer Program）と呼ばれている。アメリカン航空が1981年に世界で最初にマイレージサービスを提供し，その後多くの欧米，アジア圏の航空会社が競って導入。わが国でも，1997年に日本航空，全日空，日本エアシステムがマイレージサーサービスを本格化した。近年では，航空会社同士の連合や提携に伴いマイレージサービスの共通化が進展し，レンタカー利用，ホテル宿泊，ショッピング，クレジットカードの利用などにもマイルを付与するなど，一段と広範化する傾向にある。また，ETCによる高速道路等の通行料金の支払額に応じてポイントがたまるサービスなどがある。

〔田中宏司〕

□ **マルスシステム** （まるすしすてむ） MARS

　マルス（MARS）は，旧国鉄・JRグループの座席指定券類の予約・発券のためのコンピュータシステムである。MR型マルス発券機（新型）は，Multi Access seat Reservation System（旅客販売総合システム）の略である。

　JRグループの指定券発売窓口である「みどりの窓口」を支える巨大なオンラインシステムで，JRの列車や，一部のJR高速バスの座席指定状況を中央装置で一括管理し，JR鉄道駅や旅行会社などの「みどりの窓口」で駅員や旅行会社社員が端末（MR端末，JR東日本では主にMEM端末だが，ここではJR東日本情報システム（JR東日本の子会社）がJR東日本向けに開発した端末をさす）を操作し，列車や座席を指定して，端末から切符を発券している。昨今，利用客が自ら操作できる指定席券の発券や座席の指定機能をもった指定券自動券売機（MV端末）も，一部の駅に設置されている。中央装置は東京都国分寺市にあり，国鉄分割民営化以後は鉄道情報システム株式会社（JRシステム）が保有・運営している（➡みどりの窓口）。

〔秋山智美〕

□ **道の駅** （みちのえき）

　長距離ドライブが増え，女性や高齢者のドライバーが増加するなかで，道路交通の円滑な「ながれ」を支えるため，一般道路にも安心して自由に立ち寄れ，利用できる快適な休憩のための「たまり」空間が求められています。また，人々の価値観の多様化により，個性的で面白い空間が望まれており，これら休憩施設では，沿線地域の文化，歴史，名所，特産物などの情報を活用し多様で個性豊かなサービスを提供することができる。さらに，これらの休憩施設が個性豊かなぎわいのある空間となることにより，地球の核が形成され，活力ある地域づくりや道を介した地域連携が促進されるなどの効果も期待される。一般道路沿いに駐車場やトイレ，電話が24時間利用できる施設をつくり，あわせて地域の特産物などを提供するスペースをもつサービスエリアをいう。2006年8月現在の登録は845カ所ある。施設は休憩，観光，地域の活性化をコンセプトに，設置主体を地元自治体あるいは公益法人とする以外，とくに規制せず，地元の創意工夫を最大限活かせるようにしている。

〔桑原賢二〕

□　みどりの窓口　（みどりのまどぐち）

　みどりの窓口とは，マルス端末が設置されているJR線（鉄道）の乗車券類やJRバスの座席指定制の路線の乗車券，指定券を発券する窓口をいう。駅務室に窓を設けただけの小さなものから，ターミナル駅の大規模な窓口までその形態はさまざまである。利用者の少ない駅では有人改札の係員が窓口業務を兼務している。JRの主な駅のほか，旧国鉄から転換した第三セクター鉄道の主な駅，大手旅行会社，空港，バスターミナル，港のフェリーターミナルなどにもある。1960年代まで優等列車の指定券や寝台券は列車ごとの台帳で管理され，空席照会や予約に際しては窓口から台帳の保有駅や統括する乗車券センターへ電話連絡していた。この方式でいくつかの問題を解決するとともに指定券の手配をオンライン方式に切り替えることを目的として，1965年10月1日実施のダイヤ改正に合わせて同日に始発駅を発車する列車から販売を開始するため，同年9月から全国の主要152駅と日本交通公社（現，JTB）の83カ所の営業所に開設された（➡マルスシステム）。

〔秋山智美〕

□　民営鉄道　（みんえいてつどう）

　純粋な民間資本により経営される鉄道で，一般的には「民鉄」「私鉄」などと呼ばれることが多い。首都圏や関西圏を中心に，従業員が数千人，数万人規模の会社が存在する。これらは，ほかの業界同様に社会全体に対して大きな影響を与えるためこれらを大手私鉄（大手民鉄）と呼び，ほかの私鉄会社とは区別している。東急・小田急・京王・西武・京急・東武・京成・相鉄・名鉄・阪急・京阪・近鉄・阪神・南海・西鉄の各社に東京メトロを加えた16社は「大手16社」と呼ばれている。帝都高速度交通営団民営化による東京地下鉄発足前は，国土交通省鉄道局などの統計資料などでは帝都高速度交通営団を除いた15社を大手私鉄としていた。大手と中小の明確な基準はないが，大手は経営規模（資本金・営業キロ・輸送人員等）が大きく，4つの大都市とその周辺の通勤・通学輸送を分担しているという共通点がある。各種の統計や設備投資額の集計などで足並みをそろえている。また，大手私鉄に次ぐ規模をもつ私鉄を準大手私鉄と呼ぶことがある。

〔桑原賢二〕

□ モータリゼーション （もーたりぜーしょん）

　モータリゼーションとは，自動車の大衆化，生活の自動車化のことをいう。乗用車（普通車，小型車，軽自動車）の総台数は，2006（平成18）年において 57,098 千万台，トラック，バスを含めると 73,889 千万台を超えている。18 歳未満や高齢者を除けば1人1台以上の保有となっている。自動車はドア・トゥ・ドアの随時性，機動性，利便性，経済性などに優れているため，観光の際主要な交通機関となっており，観光地や観光業者はそれに対応してきた。その一方，モータリゼーションは排気ガス，騒音などの交通公害と道路交通の過密化，交通事故の増大など大きな社会問題を引き起こしている。また公共交通機関の経営を圧迫してきている。その意味で現在1つの反省期をむかえているといってよいであろう。各自治体では歩行者天国，ノーカー運動など特定の日を不要不急の自動車の使用中止，あるいはバイコロジー運動による自動車の排斥を訴えている環境グループもある。

〔井上博文〕

□ モーダルシフト （もーだるしふと） Modal Shift

　モーダルシフトとは，トラックによる幹線貨物輸送を「地球に優しく，大量輸送が可能な海運または鉄道に転換する」ことである。

　長距離貨物輸送については，海運・鉄道の比率を向上させることを目標として，海上輸送の大きなメリットは，長距離輸送による効率化などにあるが，モーダルシフトを推進するためには，それだけの貨物量の確保，積み替えなど，積極的な取り組みが必要である。二酸化炭素排出量の抑制に効果があり，環境の保全に有力な手段で単位当たりのエネルギー消費効率がよい大量輸送のトラックに依存することなく，道路混雑の解消また，運転手の長距離運転により交通事故防止にも役立っている。また，乗用車・鉄道やバスといった公共交通機関へ，物流は，トラックや航空，鉄道および海運に転換することで輸送におけるより一般に排ガス抑制や運転手不足などのためトラックから環境負荷の少ない鉄道や海運へ輸送モードを変えることであるが転換するには多くの問題があり，本格的な転換への普及はまだこれからでもある。

〔川津　賢〕

□　モーニングコール　（もーにんぐこーる）　Morning Call

　海外ではウェイクアップ・コール（Wake-up Call）と呼ばれ，宿泊客が起床したい時間に起こす目覚ましサービスのことをさす。方法は，電話交換手が連絡することであったが，最近では客室増と経営効率から自室の電話ダイアルをセットすることにより，自動的にコンピュータでモーニングコールができるシステムをとるとともに，各室のナイトテーブルに目覚まし時計のセットもできる仕様が通常である。しかし旅の疲れで不安があるとき，重要な会合や，飛行機や電車への搭乗時間で遅れが許されないなど，宿泊者の求めにより，二度寝を避ける意味で肉声でモーニングコールを続け，客室係が部屋に向かってチャイムを鳴らす，ドアをノックする，果てにはマスターキーを使って，客室係が部屋に入って，身体を揺すって起こす場合もある。朝は誰でも機嫌が悪いもの，少しで機嫌よく目覚めたいものなので，機械のテープよりも肉声で，外国のお客様には英語だけでなく自国語での肉声サービスが喜ばれている。要は宿泊客の指定の時刻に対し正確にお起こしすることを第一義とする。　　　〔白土　健〕

□　ヤードステック　（やーどすてっく）

　ヤードステック（標準原価方式）では，同一地域内のバス事業者の平均値（標準原価）と個々のバス事業者の実績額を比較して，その中間値を原価（査定原価）として用いる。経済圏や地理的条件などをもとに一定の要件を満たすバス事業者の原価を平均して標準原価を算定する。バス事業者が実際に運賃改定をする場合，たとえば人件費や燃油費など，事業者によって費用に差があるものについて，そのバス事業者が営業するブロックの標準原価とそのバス事業者の実績額との中間値をもって査定原価とする。この査定原価に基づいて運賃の水準が決まる。運賃改定が必要かどうかは，能率的な経営を行っていないタクシー事業者を除いて，標準的な経営状態にあると考えられる事業者を選んで，事業者が赤字になるかどうかにより判定される。運賃改定が必要とされると，事業者のなかから中型車，小型車など車両規模別にそれぞれを原価計算対象事業者として選び，原価計算対象事業者の原価を基礎として平均原価を算出し，これに見合うようにその運賃ブロックの運賃水準が設定される。　　　〔川津　賢〕

□ **ユーザー車検** （ゆーざーしゃけん）

いわゆる車検とは，道路運送車両法の「継続検査」のこと。安全な走行のためにブレーキ・ランプ，サイド・スリップ，排ガスなどの検査が義務づけられている。検査の手段が複雑なため，それに対応した点検整備事業をすることができるのは自動車整備士の資格をもつ技術者のいる認定工場に限られる。このような車検代行業者に委託する車検に対し，ユーザー自らが車検場と呼ばれる国土交通省の陸運支局や自動車検査登録事務所へ出向いて継続検査を受けることをユーザー車検と呼称している。ユーザー車検の広がりとともに従来のディーラーや修理業者，ユーザー車検代行業者も含めて価格競争が行われた結果，予防的な整備・消耗品交換を省いた安価な車検が民間車検場などでも受けられるようになった（相対的にユーザー車検のメリットは小さくなった）。しかし，この制度を悪用し車両検査をしないまま書類を偽装して不正に車検を通すペーパー車検が横行。2005年には，三菱ふそうトラック・バスの子会社によるトラック最大積載量の水増し事件が起きた。〔桑原賢二〕

□ **ユーザー認証** （ゆーざーにんしょう）

ユーザー認証とは，本人（ユーザー）になりすましてICカードなどを使用し，犯罪を犯すことを防御することを目的で講じられた。本人か否かの判別をすることであり，ユーザー認証として，本人しか知らないパスワード，IDカードの確認がある。しかし，一番よいのは，本人の顔，手のひらの指紋など生体認証である。整形が困難な指紋で認証するバイオXトリクス認証といわれるシステムである。これまでApacheやPAMIによるユーザー認証が一般的であったが，証明書を利用してクライアント認証や独自アプリケーションのユーザー認証，暗号化認証（パスワード認証，RSA rhosts認証，RSAユーザー認証）なども利用されている。電子認証の方法もいろいろ講じられてきているが，犯罪もますます複雑化してきている。犯罪集団の結束化により，世界各国で広範囲にしかも連続化してきている。ユーザーをほかの人と区別するためのものであるが，絶対的方法というものは考案されていないのが現実である。〔飯野邦彦〕

□　Uターンラッシュ　（ゆーたーんらっしゅ）

　帰省客が都心へ戻る現象。日本では年末年始・ゴールデンウィーク・お盆のときなどに都市部に在住している人が，地方へ一時帰省する際に起こる現象でUターンラッシュと呼ばれる混雑が起こる。

　帰省客が集中する帰省ラッシュの際は，大部分の帰省客は自家用車・公共交通機関を利用するので，一般道・高速道路・鉄道・航空機・旅客船は大渋滞に陥る。

　現在の日本の暦上ではお盆休み・仕事納めなどの休み期間は同日ゆえに変更は難しいが，それでも日付・時間を変更しての工夫が国民のなかで芽生えてきた。国外でも家族ですごしていた人たちが，一時期にラッシュになるUターンラッシュがある。アメリカではサンクスギビング（感謝祭）やクリスマスでのラッシュ，中国では旧正月の春節祭，韓国では旧正月と秋夕に帰省する人が多く見られる。

〔山口隆正〕

□　ユーレイルパス　（ゆーれいるぱす）　Eurail Pass

　ヨーロッパの2〜3カ国以上を，単独あるいは家族・夫婦・気の合った友だちと旅行する場合に，お勧めなのがユーレイパスである。一国だけを旅行するのであれば，その国内で乗り放題のパスを購入するのが正解である。ユーレイルパスはあくまでも2〜3カ国以上を廻り歩くのでなければメリットはない。西ヨーロッパ20カ国で1等車が乗り放題というパス。各国の国鉄（または国鉄に相当する鉄道会社）の運行する列車を無制限に利用できる。優等列車の追加料金（特急・急行列車）も含まれており，またフェリーや登山列車などさまざまな特典がある。ヨーロッパ全体をじっくり周遊する人にぴったりのパスである。有効期間15日間，21日間，1カ月間，2カ月間，3カ月間の連続利用タイプと利用開始日より2カ月間の有効期間のなかで，10日，15日の鉄道利用日（通用日数）が選べるフレキシータイプがある。また2名以上のグループで行動する人には割引となったセーバーパスが，25歳までの人にはよりリーズナブルな2等ユースパスが設定されている。日本でも購入できる。

〔桑原賢二〕

□ **ユニバーサル・サービス** （ゆにばーさる・さーびす） Universal Service

　全国均一のサービスのことである。郵便をはじめ，電話，電気，ガス，水道など生活に欠かせないサービスを，利用しやすい料金などの適切な条件で，誰もが全国どこにおいても公平かつ安定的に利用できるよう提供することをいう。
　経済学的には，ユニバーサル・サービスは，市場競争がないときには，その産業を独占する事業者がその提供義務を負う。不採算部門の赤字を黒字部門が補填し（内部補助方式），ユニバーサル・サービスを確保してきたのである。既存事業者は，企業全体の収益を保障されることを条件に，サービス地域内では，均一料金を維持してきた。だが，その産業に競争原理が導入されると，提供コストを上回る料金が設定されているサービスには新規参入した事業者がより低料金を設定して既存事業者の顧客を奪うことができる。そのため，値下げ競争が起こり，従来の既存事業者の内部補助によるユニバーサル・サービスの確保は不可能となる。総務省のu-Japan構想では，「ユビキタス」「ユニバーサル」「ユーザーオリエンテッド」「ユニーク」の4項目が柱になっている。〔坂野喜隆〕

□ **ユビキタス** （ゆびきたす） Ubiquitous

　ユビキタスとは，「同時にあらゆるところに存在する」という意のラテン語であるが，転じて，いつでも，どこでも情報にアクセスが可能なネットワーク環境，またその技術を意味して使用されるようになった。「ユビキタス・コンピューティング」「ユビキタスネットワーク」「ユビキタス社会」のようにほかの言葉と組み合わせて使うことが多い。アメリカゼロックス・パロアルト研究所のMark Weiser氏が提唱した「ユビキタス・コンピューティング」が端緒となっているが，これは，あらゆる機器にコンピュータ，もしくはその操作が可能な装置が組み込まれ，データ交換，情報利用を可能とするネットワーク環境をさしたもので，パソコンや携帯電話だけでなく，腕時計などの装飾品や家電製品などあらゆるものがコンピュータとしての機能をもつことが想定されている。1980年代後半に，この考え方が提唱されたが，インターネットやモバイルコンピューティングの拡大によって，現在では「ウェラブル・コンピュータ」の発想で実現可能なものとして開発が進んでいる（➡ネット社会）。〔太田　実〕

□ **ユレダス** （ゆれだす） Urgent Earthquake Detection and Alarm System

　国鉄鉄道技術研究所（現在の財団法人鉄道総合技術研究所）が開発した地震警報システムの名称で，地震の際に被害を最小限に抑えるための安全管理システムである。ユレダスは1つの地点にて観測された地震波の初期微動（P波）の振動波形だけで，地震の震央位置（震源距離，深さと震央方位から推定する）とマグニチュードを瞬時（ほぼリアルタイム）に推定し，必要と判断される地域にS波が来る前に警報を発信するシステムである。なおP波を感知できなくても，地震動が定めた規準値を超過した場合には，瞬時に警報を発信する。

　上越新幹線では新潟県中越地震（2004年）の際に，P波の検出後1秒で警報を出し，時速200kmで進行中の列車（とき325号）に緊急ブレーキをかけ停車させた。脱線はしたものの，ほぼ直線区間で対向車両がなかったため乗客全員が安全に避難することができた。首都圏在来線沿線では地震計を設置し，一定の揺れを検知すると施設の点検や制限速度の規制を行い，安全確保を図っている。

〔川津　賢〕

□ **ライフサイクルアセスメント** （らいふさいくるあせすめんと）

Life Cycle Assessment: LCA

　製品のライフサイクルを，製造－使用－廃棄あるいは再利用の段階ごとに分析し，どの程度のエネルギーが消費されるのか，とくに二酸化炭素の排出量の割合を分析し，環境への影響を総合的に評価する方法をライフサイクルアセスメント分析といわれる。数値として，投入されるエネルギー量，材料使用量，排出される二酸化炭素量が使われる。環境悪化を防止するのに必要な重点対策を立てるうえで役に立つ。自動車では，製造－使用－廃棄の段階のうち，使用段階で発生する二酸化炭素が排出量の7割以上を占めていることから，燃費の重要性が理解できる。住宅では，建設時に断熱・気密工事を行うと二酸化炭素の排出が増えるが，居住1年間でこの分は回収され，以後，排出量の減少が維持され，省エネ建築の意義が理解できる。材料の予測を単に耐久性だけでなく，製品化した場合に，また元の原材料に戻すことを含めて，材料全体としてどの程度の費用と環境への負荷がかかるかも含めて算定される。

〔秋山義継〕

旅客鉄道（JR）　（りょきゃくてつどう（じぇいあーる））

1987（昭和62）年4月1日，国鉄分割民営化に伴い，6社の旅客鉄道と1社の貨物鉄道でスタートした。愛称は「JR（じぇいあーる）」である。

北から北海道全域をカバーする「北海道旅客鉄道（JR北海道）」，東北・上越新幹線や東北・甲信越・関東をエリアとする「東日本旅客鉄道（JR東日本）」，東海道新幹線を擁し，甲信越から中部地区をカバーする「東海旅客鉄道（JR東海）」，山陽新幹線をはじめ，関西圏を中心に北陸・琵琶湖から山口県にいたる路線をカバーする「西日本旅客鉄道（JR西日本）」，四国全土をカバーする「四国旅客鉄道（JR四国）」，さらに九州全土をカバーする「九州旅客鉄道（JR九州）」の旅客鉄道6社と，日本全国をカバーする日本貨物鉄道の合計7社でスタートした。

当初は，旅客鉄道各社とも国鉄バスを引き継ぐかたちでバスを直営運行していたが，現在ではJR四国を除き，すべて分社している。

〔佐藤勝治〕

旅客鉄道（JR）運賃制度　（りょきゃくてつどう（じぇいあーる）うんちんせいど）

1987（昭和62）年4月1日，国鉄は6社の旅客鉄道と1社の貨物鉄道に分割されて民営化がスタートした。この分割民営化前の1981（昭和56）年，国鉄再建法が制定され，都市部の線区と経営改善を必要とする地方のローカル線との，統一運賃制に無理が生じてきた。そこで，各線区の営業収支（営業係数）の改善を目途として，1981（昭和56）年4月，輸送人員を基準として，鉄道線区を幹線と地方交通線とに区分した運賃制度改正が行われ，地方交通線に賃率換算キロ（営業キロの約1.1倍）が導入されて，国鉄での全国統一運賃にピリオドがうたれた。

分割民営化後もこの制度は踏襲されたが，地方格差が叫ばれるなか，経営基盤の脆弱であったJR北海道，JR四国，JR九州の3社は，1996（平成8）年1月，JR本州3社（JR東日本，JR東海，JR西日本）と連続して乗車する場合の運賃に加算額を適用する制度を取り入れ，なお一層の収支改善を図ることとなった。

〔佐藤勝治〕

☐ 連 合 (れんごう)　Japanese Trade Union Confederation

　日本労働組合総連合会（JTUC-RENGO）の略称。労働戦線統一の経緯をへて，1987（昭和62）年11月，民間連合が全民労協の連合体移行と同盟の解散，総評傘下17単産の二重加盟などにより結成。1989（平成元）年11月，民間連合が総評官公労等と統一し労働運動史上最大のナショナルセンターとして発足した（78組織800万人）。ICFTU（2006年11月，ITUCに発展的改組）に加盟。賃上げと時短は産別の責任，政策・制度は連合の責任と位置づけ，「ゆとり・豊かさが実感できる公正な社会の実現」を目標に掲げ，政府機関，政党，財界との定期協議や審議会対策，ILO，OECD-TUAC（経済協力開発機構-労働組合諮問委員会），ITUC（国際労働組合総連合）などでの国際活動を展開。連合は結成10年を機に，「労働を中心とする福祉型社会」の構築を基本とする「21世紀連合ビジョン」を提起。20世紀の負の遺産の克服と運動の自己改革を含め，働きがい・生きがいのもてる社会の実現にむけ，行動力あるビジョンリーダーとして，国民各層との連携を強めている。　　　　　　　　　　〔長谷川一博〕

☐ 労働契約 (ろうどうけいやく)　Labor Contract

　企業が労働者を採用する際に，両者で取り交わされる契約をいう。「働きます」「雇います」という契約は口約束で成立するため，労働者への労働条件の明示，とくに，契約期間，勤務場所，業務内容，始業・終業時刻，所定外労働の有無，休日・休暇，賃金，退職金などに関する事項は，書面で明示しなければならない（労働基準法第15条，同施行規則第5条）。上記内容は就業規則で定められているので，企業はそれらを記載した労働条件通知書を交付し，確認したうえで契約を結ぶ。労働基準法が定める基準以下の労働条件による契約および労働協約に違反する就業規則は無効とされる（労働契約法第12条，第13条）。近年，雇用・就業形態の多様化と労働条件の決定・変更の個別化が広がり，個別労働紛争が増加。個別労働紛争解決制度や労働審判制度が施行され，労働契約法の必要性が高まるなかで，第168臨時国会において，労働契約の締結から終了まで労使の権利義務関係を規律する労働契約法が成立した（2008年3月施行）。紛争防止と労働者保護，個別労使関係の安定が期待される。　〔長谷川一博〕

□　**労働三法**　（ろうどうさんぽう）　Three Major Labor Laws

　労働関係の三大基本法，すなわち，労働三権について具体的に定める労働組合法（Trade Union Law）と労働関係調整法（Labor Relations Adjustment Law），憲法27条の労働権を保障する労働基準法（Labor Standards Law）の総称。労働組合法は，1945（昭和20）年12月に成立した後，1949年6月に全面改正。労使対等の原則に立ち労働組合を組織し，団体交渉などにより労働者の地位や労働条件の向上をはかることを目的に，不当労働行為の禁止，労働協約優先の原則などを掲げている。労働関係調整法は，労働争議の予防と解決を目的に，1946年9月に成立した。労働委員会による斡旋，調停，仲裁の手続きのほか，公益事業の争議行為の制限規定と総理大臣による緊急調整の規定などがある。労働条件の最低基準を定める労働基準法は，1947年4月に制定。労使対等，均等待遇，男女同一賃金などの原則的規定と8時間労働制，女性労働の保護などの具体的規定の両面で，当時の国際的水準を反映。現在は週40時間制が定着し，女性労働では男女平等が重視されている。〔長谷川一博〕

□　**ローコストキャリア**　（ろーこすときゃりあ）　Low-Cost Carrier: LCC

　LCCとは，一般に「格安航空会社」と訳される。文字どおり格安運賃を訴求した航空会社で，激化する航空業界の価格競争を背景に世界的に新規参入が増加している。格安運賃は，運行コストの削減，路線の効率化，乗客へのサービスの簡素化などにより実現されている。運航コストの削減では，使用機材を単一にすることで，一括購入による購入コストの削減が図られるとともに，操縦士の資格や整備の共通化によりトレーニングコストやメンテナンスコストを抑えることが可能となる。乗客へのサービスへの簡素化という点では，たとえば，機内誌，新聞，雑誌などの無償サービスの省略，機内食や飲料の簡素化などがあげられる。さらに，インターネットなどを通じたダイレクトセールスを基本とすることで，人件費や旅行業者への販売手数料などの中間コストを抑えている。また，上述のコスト節減を進める一方で，機体の外装を広告に利用して広告収入を得たり，機内食や飲料，毛布，音楽などの機内エンターテイメントを有料にするなど，運賃以外の収益の確保にも注力している。〔太田　実〕

□ **ロードファクター** （ろーどふぁくたー）　Load Factor

　ロードファクターとは，航空機における有償座席利用率のことで，無償客の利用を算入しない点において搭乗率とは区別される。L/Fと略記される。航空機1機あたりのロードファクターは，総座席数に対し有償旅客がどのくらい乗っているかを示した数字で，〔有償利用座席数÷供給座席数×100〕で求められる。ロードファクターは座席の販売状況を計る指標として経営に活用されている。航空会社では路線ごとに損益分岐点が設定されており，そこからロードファクターが大きく乖離した場合は，機材や便数を調整するなどして収益の改善を行っている。しかし，運賃体系の多様化により，単純にロードファクターのみで損益の判断をすることが困難になってきている。そのため，昨今では，予約席全体の利用運賃シェアなども反映し，イールドとロードファクターをともに最大にすることを目的としたイールド・マネージメントが導入されるようになってきた。
〔太田　実〕

□ **ロード・プライシング** （ろーど・ぷらいしんぐ）

Road Pricing/Road User Charge

　ロード・プライシングとは，一般道を対象に道路を利用する自動車から通行料金を徴収するシステムである。通行料金を自動車に課すことで交通量を抑制し，渋滞緩和や温暖化ガスの排出抑制に効果がある。観光地などでは，シーズンの週末や年始年末の市内道路は激しく渋滞する。駅に到着するバスが，時刻表から大幅に遅れることがしばしばである。市内の交通環境を改善する方策として，観光客が市の周辺部で自動車を停めて，バスや鉄道などの公共交通機関に乗り継いで市内に向かうパーク・アンド・ライド（park-and-ride）とロード・プライシングを併用することで交通環境改善が可能となる。交通環境改善は，歩行者の安全を確保するだけでなく，公共交通機関のスムーズな運行と静かで大気汚染に悩ませられることがない住宅環境を維持できる。問題点としては，徴収する料金の設定方法や自動車を利用している地域住民，バス・タクシー会社の理解が得られるかである。
〔秋山義継〕

□　**路線案内**　（ろせんあんない）

　路線案内とは，駅やバス停の情報，その周辺情報や路線図，時刻表，乗り換え・出口案内図などの情報を示す駅構内，駅のホーム，電車内に提示されている掲示板のうち，路線情報をさすものを主にいう。案内の掲示には，従来の看板式のものと電子掲示板がある。通常，電車内は路線案内に電子掲示板と通常の掲示板が採用されている。現在，利用者が路線案内をインターネットから調べることも可能であるが，指定時刻に発車する列車があるのに，案内されない場合がしばしばある。これは，インターネットでの 路線案内の乗り換え案内は，「反復検索法」という独自の検索方法を使用しているからである。その特徴は同じ時刻に到着するなら，なるべく遅く出る列車を案内する点にある。指定時刻の列車より遅く出ても早く着くか，同時刻に着くのであれば，遅く出る列車のほうを案内する。また，できるだけ多様な経路を案内するため同一経路は1候補のみの表示としている。最近は，携帯電話から閲覧でき，路線の最短ルートや運賃などの情報を提供してくれるサービスもある。　　　　〔秋山智美〕

□　**路線検索ソフト**　（ろせんけんさくそふと）

　路線検索ソフトは，人々が外出や旅行する際に，出発点から目的地までを入力すると，適切な路線，運賃，所要時間などを自動的に計算して，表示するソフトである。

　実際には，交通手段としては，JR，新幹線，私鉄，地下鉄，航空機，船舶などさまざまな路線や手段がある。路線検索には「路線検索ソフト」のほかに，「路線検索サイト」があり，利用者は，両者を選択して活用している。路線検索ソフトには，「駅すぱあと」「乗換案内時刻表対応版」「ハイパーダイヤ」などがある。路線検索サイトは，1つのソフトを利用するのとは違い，インターネットを介することで最新の情報を参照できる。複数のサイトを検索することで，行き先までのルートや，到着指定時間，指定席など，目的別に使い分けることもできる。路線検索サイトには，「乗換案内」「駅前探検倶楽部」「JORUDAN」などがある。掲示の時刻表と同じ形式で便利なのは，「駅前探検倶楽部」「インフォシーク乗り換え案内」がある。　　　　〔田中宏司〕

□ **ワーキングホリデー** （わーきんぐほりでー） Working Holiday

　ワーキングホリデー制度は，二国間の協定に基づいて，最長1年間異なった文化のなかで休暇を楽しみながら，その間の滞在資金を補うために，付随的に就労することを認める特別な制度です。本制度は，両国の青少年を長期にわたって相互に受け入れることによって，広い国際的視野をもった青少年を育成し，ひいては両国間の相互理解，有効関係を促進することを目的としている。この制度は，観光ビザ，留学ビザ，あるいは就労ビザとは異なった，若い人向けの特別な渡航のためのものである。どんなところを観光するか，旅行はどうするかなど，一人で考え，行動することが求められる。もちろん，制度の主旨として仕事を主たる目的とすることはできない。また，各国ともビザの発給は一生に一度で，人数制限のある国もあります。なお，国によって要件や審査手続きに多少の違いがあるので注意がいる。日本はオーストリア・ニュージーランド・カナダ・韓国・フランス・ドイツ・イギリス・アイルランド・デンマークの9カ国との間で協定を結んでいる。原則は18歳から30歳まで。　　　〔桑原賢二〕

□ **ワンセグ放送** （わんせぐほうそう）

　ワンセグ放送は国内における地上デジタル放送（ISDB-T: Integrated Service Digital Broadcasting Terrestrial）による携帯機器向け放送サービスの名称である。地上デジタル放送では6MHz（メガヘルツ）の放送波を13個の帯域に分割し，帯域ごとに搬送波の変調方式や畳み込み符号化率を選択できるようにした。分割した各帯域をセグメントと呼び，実際にはガードバンドとして1セグメント分の帯域を用いているため，1セグメントの帯域は429kHz（キロヘルツ）である。つまり，ワンセグ放送は，この1セグメントを利用した放送サービスである。1セグメント放送は2004年12月にARIB（電波産業会）で策定された。現在では，携帯電話やパソコンで放送が視聴できる。また，パソコンの場合，放送受信機能が標準でなければなければ外付けワンセグTVチューナーがあれば簡単にセットができ視聴ができる。また，携帯電話でのワンセグ放送を視聴する場合，複数の放送局によるサービスがされているため，電車や車等の移動の際，受信チャンネルが変わることがある。　　　〔金山茂雄〕

和文索引

あ行

IATA　2
ISO14000 シリーズ　2
IC カード　3
IT　3
　　―― ガバナンス　4
　　―― 新改革戦略　4
アイドリング・ストップ運動　5
IP 電話　5
IP 放送　6
開かずの踏切　6
アクセス交通　7
ATACS　7
安全運転管理者　8
e-ガバメント　8
e-Japan　9
ETC　9
e ビジネス　10
e-ラーニング　10
硫黄酸化物　11
遺失利益　11
慰謝料　12
移動制約者　12
インターネット　13
　　―― コマース　13
　　―― 実名制　14
　　―― 普及率　14
ウィルス　15
Web　15
ウォークイン　16
運行共用者責任　16
運賃計算キロ　17
ASV　17
営業キロ　18
エコ設計　18
エコツーリズム　19
SEM　19
SEO　20
FTTH　20
LRT　21

往復割引　21
オーバー・ブッキング　22
オゾン層の破壊　22
温室効果ガス　23

か行

カーシェアリング　23
外国語表示　24
外国人への多言語支援　24
海洋汚染防止法　25
加害者　25
学生割引　26
格安航空券　26
加算運賃　27
加算額　27
可視光通信　28
過失　28
仮想移動体通信事業者　29
ガソリン車　29
貨物車　30
環境アセスメント　30
環境監視　31
環境経営学　31
環境税　32
環境的に持続可能な交通　32
環境ラベル　33
観光タクシー　33
観光バス　34
幹線　34
キオスク　35
機関車　35
企業倫理　36
危険運転致死傷罪　36
擬制キロ　37
客室稼働率　37
客室乗務員　38
救急出動　38
救護事務　39
京都議定書　39
グリーン・ロジスティクス　40
グリーン車（グリーン料金）　40
経営情報　41
経営理念　41
ケーブルテレビ　42

後遺症（後遺障害） 42
公営鉄道 43
光化学スモッグ 43
公共交通優先システム 44
航空自由化 44
交差点 45
高速道路 45
高速バス 46
交通安全教育・交通安全運動 46
交通業の労働組合 47
交通需要マネジメント 47
交通バリアフリー法 48
交通反則通告制度 48
交通貧困階層 49
行動基準 49
高度道路交通システム 50
高齢ドライバーと交通事故 50
コージェネレーション 51
コミュニティーバス 51
コンテンツ 52
コンピュータ・セキュリティ 52
コンピュータウィルス対策基準 53
コンピュータ不正アクセス対策基準 53
コンプライアンス・プログラムと刑罰 54

さ行

サービス料 54
サイバネテックス 55
CSR 55
シーズン別特急料金 56
シートベルト 56
シームレス化 57
JRグループ 57
JR在来線特急料金 58
時効 58
時刻表 59
事故通知義務 59
事故報告義務 60
示談 60
シックカー 61
自動車検問 61
自動車損害賠償保障法 62
自動車保険 62
自動車リサイクル法 63

自動列車運転装置 63
就業規則 64
終身雇用制 64
周遊きっぷ 65
宿泊約款 65
上下分離方式 66
情報セキュリティ 66
情報通信 67
──法 67
情報のバリアフリー 68
初心者運転標識等（わかばマーク・もみじマーク） 68
新幹線 69
寝台特急 69
振動規制法 70
信頼の原則 70
水質汚濁防止法 71
水素エネルギー 71
スペシャル・トランスポート・サービス（STサービス） 72
世界情報社会サミット 72
セキュリティ・ポリシー 73
セキュリティ・マネジメント・システム 73
積極・消極損害 74
騒音規制法 74
総括原価主義 75
損害賠償 75

た行

第一種鉄道事業 76
大気汚染防止法 76
第三種鉄道事業 77
第3セクター 77
第三世代携帯電話 78
第二種鉄道事業 78
ダイヤ 79
ダブル・ブッキング 79
地域情報化戦略 80
地球温暖化 80
窒素酸化物 81
知的財産権 81
地方交通線 82
聴聞 82
賃率換算キロ 83

ディーゼル排気微粒子　83
デジタル放送とアナログ放送　84
鉄道・旅行に関する資格　84
鉄道営業法　85
鉄道事業法　85
鉄輪式リニアモーターシステム　86
デポジット　86
デュアル・モード・ビークル　87
テレビ広告　87
テレホンカード　88
点字　88
電子マネー　89
電車内アナウンス　89
電車内広告　90
電車ホームアナウンス　90
点数制度　91
電動バイク　91
東京山手線内制　92
東京湾アクアライン　92
道路交通法　93
特定都区市内制　93
トレーサビリティ　94

な行

内部告発　94
ナレッジマネジメント　95
ネット社会　95
年功賃金　96
燃料電池車　96
上り・下り　97

は行

バイオ燃料車　97
バイキング　98
ハイブリッド車　98
ハイブリッド電車　99
パスモ　99
波動輸送　100
パブリックスペース　100
バラスト水浄化　101
バリアフリー　101
ＢＳ放送とＣＳ放送の違い　102
非接触型ＩＣカード　102
VIP　103

VVVF　103
フード・マイレージ　104
不正アクセス　104
浮遊粒子状物質　105
プライス・キャップ規制　105
フリーゲージトレイン　106
ブルーレイディスク　106
ブロードバンド　107
ブログ　107
プロバイダ　108
フロンガス　108
紛争の解決方法　109
ベロタクシー　109
放送倫理　110
ホームドア　110
ホームページの書き換え　111
POSシステム　111

ま行

マイクログリッド　112
マイレージサービス　112
マルスシステム　113
道の駅　113
みどりの窓口　114
民営鉄道　114
モータリゼーション　115
モーダルシフト　115
モーニングコール　116

や行

ヤードステック　116
ユーザー車検　117
ユーザー認証　117
Ｕターンラッシュ　118
ユーレイルパス　118
ユニバーサル・サービス　119
ユビキタス　119
ユレダス　120

ら行

ライフサイクルアセスメント　120
旅客鉄道（JR）　121
　——　運賃制度　121
連合　122

労働契約　122
労働三法　123
ローコストキャリア　123
ロードファクター　124
ロード・プライシング　124
路線案内　125
路線検索ソフト　125

わ行
ワーキングホリデー　126
ワンセグ放送　126

欧文索引

Advanced Safety Vehicle　17
Advanced Train Administration and Communication System　7
Assailant　25
ATO:Automatic Train Operation　63
Ballast　101
Business Ethics　36
Bloadcasting Satellite/Communication Satellite　102
Blog　107
Blu-ray Disc　106
Broadband　107
Car Sharing　23
Chloroflourocarbons:CFCs　108
Co-Generation　51
Compensation for the Damage　75
Computer Security　52
Consolation Money　12
Contents　52
Cybernetics　55
Deposit　86
Diesel Emitted Particulate　83
Double Booking　79
Eco Design　18
Ecotourism　19
e-Government　8
e-Learning　10
Electronic Money　89
Electric Motorcycle　91
Electronic Business　10
Environmental Impact Assessment　30
Environmental Label　33
Environmental Management　31
Environmental Monitoring　31
EST:Environmentally Sustainable Transport　32
Eurail Pass　118
Fiber To The Home　20
Food Mileage　104
Fuel Cell Vehicle　96

Global Warming　80
Green House Gases　23
Green Logistics　40
Hybrid Car　98
Hydrogen Energy　71
Information Technology　3
Intelligent Transport Systems　50
International Air Transport Association　2
Internet　13
IT Governance　4
Japanese Trade Union Confederation　122
Kiosk　35
Knowledge Management　95
Kyoto Protocol　39
Labor Contract　123
Life Cycle Assessment:LCA　120
Lifelong Employment System　64
Light Rail Transit　21
Lord Factor　124
Lost Profit　11
Low-Cost Carrier: LCC　123
Management Information　41
Management Philosphy　41
MARS　113
Micro Grid　112
Modal Shift　115
Morning Call　116
MVNO:Mobile Virtual Network Operator　29
Negligence　28
Nitrogen Oxides　81
Over Booking　22
PASMO　99
Photochemical Smog　43
Prescription　58
Price Cap Regulation　105
Principle of the Trust　70
Private Settlement　60
Properry　81
Provider　108
Public Hearing　82
Public Space　100
Road Pricing/Road User Charge　124

Room Occupancy　37
Safe Driving Manager　8
Search Engine Marketing　19
Search Engine Optimization　20
Security Management System　73
Security Policy　73
Seniority-based Wage System　96
Sequela　42
Service Charge　54
Sick Car　61
Sulfur Oxide　11
Suspended Particulate Matter: SPM　105
Three Major Labor Laws　123
Traceability　94
Transportation Poor Group　49
Ubiquitous　119
Universal Service　119
Urgent Earthquake Detection and Alarm System　120
Variable Voltage Variable Frequency　103
Velo Taxi　109
Very Important Parson　103
Viking　98
Virus　15
Walk-in　16
Working Holiday　126
Working Rules　64
WSIS:Worid Summit on the Information Society　72

131

執筆者

田中宏司	東京交通短期大学学長〔監修〕
秋山義継	拓殖大学教授〔責任編集〕
松岡弘樹	東京交通短期大学副学長〔責任編集〕
秋山智美	東京交通短期大学特別教養講座講師
飯野邦彦	尚美学園大学教授
井上博文	東洋大学教授
太田　実	松蔭大学准教授
金山茂雄	拓殖大学教授
川津　賢	東京交通短期大学教授
桑原賢二	東京交通短期大学助教
坂野喜隆	流通経済大学専任講師
桜井武典	拓殖大学講師
佐藤勝治	東京交通短期大学助教
宿谷晃弘	流通経済大学講師
白土　健	松蔭大学准教授
中村陽一	秋草学園短期大学教授
成瀬敏郎	東京情報大学教授
長谷川一博	東京交通短期大学客員教授
山口隆正	拓殖大学教授

田中　宏司（たなか　ひろじ）
現在　東京交通短期大学学長・教授／日本大学講師
　　『コンプライアンス経営［新版］』(生産性出版)
　　『CSR の基礎知識』(日本規格協会)
　　『CSR マネジメント』(編著，生産性出版)
　　『実践！コンプライアンス』(監修，PHP 研究所)ほか

秋山　義継（あきやま　よしつぐ）
現在　拓殖大学商学部教授／東京交通短期大学客員教授／流通経済大学講師
　　『経営管理論』(創成社)
　　『経営用語・キーワード』(共著，中央経済社)
　　『ベンチャー企業論』(編著，税務経理協会)
　　『経営環境論』(共著，創成社)ほか

松岡　弘樹（まつおか　ひろき）
現在　東京交通短期大学副学長・教授／拓殖大学，東洋大学，大東文化大学講師
　　『現代経営学』(共著，八千代出版)
　　『ベンチャー企業論』(共著，税務経理協会)
　　『基本商法＆会社法』(編著，八千代出版)
　　『経営学トレーニング』(共著，創成社)ほか

［交通・情報］基本ワード 250

2009 年 3 月 10 日　第 1 版第 1 刷発行　　　監　修　田中宏司

責任編集　秋山義継
　　　　　松岡弘樹

発行者　田中　千津子　　〒153-0064　東京都目黒区下目黒 3-6-1
　　　　　　　　　　　　電話　03 (3715) 1501 代
発行所　株式会社学文社　　FAX　03 (3715) 2012
　　　　　　　　　　　　http://www.gakubunsha.com

© TANAKA Hiroji 2008　　　　　　　　　印刷　㈱新製版
乱丁・落丁の場合は本社でお取り替えします。
定価は売上カード，カバーに表示

ISBN978-4-7620-1904-3